世界來過台灣

從荷蘭、美國、西班牙、大清、日本到中華民國，一覽他們來過台灣的足跡，解鎖課本沒有教的歷史彩蛋！

張鼐賢（令狐少俠）——著

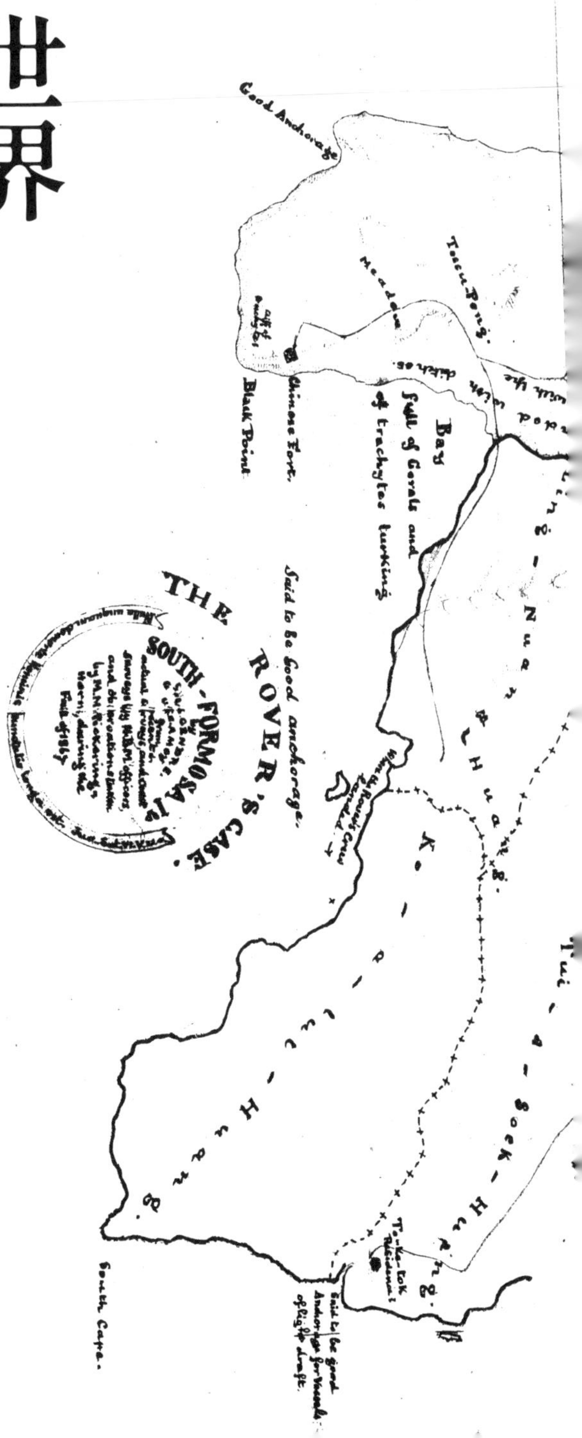

目次

推薦序／

跟著《世界來過台灣》的足跡，從台灣走向世界

二〇一六年春，我利用在首爾大學訪問研究的空檔，到漢江北畔的「楊花津外國人傳教士墓園」，尋訪李仙得（Charles W. Le Gendre，一八三〇—一八九九）的墓碑。李仙得是法裔美國人，曾任美國駐廈門總領事，在「羅妹號事件」後來台與斯卡羅酋長卓杞篤交涉，簽定「南岬之盟」。後來李仙得辭去美國公職到日本擔任外務省顧問，在「宮古島島民遭難事件」之後，協助日本出兵南台灣，造成「牡丹社事件」。李仙得的手稿是當年美國與日本認識台灣的重要資訊來源之一，近年來重新被研究再整理出版。這些都是大家比較知道的部分。李仙得較不為台灣人所知的生涯，是他晚年到朝鮮擔任高宗王的顧問。朝鮮高宗認為，李仙得是清國畏懼的中國通，足以抗衡清國派駐朝鮮的全權代表袁世凱，守護朝鮮獨立。不過李仙得在朝鮮的評價不高，他對日本交涉借款和漁權都沒有成功，也與當時朝鮮的民權運動站在對立面。這位在韓民族眼中長袖善舞的國際掮客李仙得，最後中風病逝，留下鉅額遺產，葬在漢城府郊區的外國人墓園。

李仙得與台灣的連結，在《世界來過台灣》這本書中多次提到，閱讀的時候就讓我想起在首爾憑弔古人的心情。這本書在訴說台灣史的故事時，會從不同觀點切入，讓故事的重點變得很「立體」，這就像我們在做歷史研究的時候，你會看到我們的先人在各個不同的情境下會做出很多困難的決定，從不同角度來看就會有正面與負面的評價。我在李仙得墓前思考的，也是他在東亞各國具有「立體感」的人生。

《世界來過台灣》的作者張胤賢老師，是筆者從大學時代就認識的老朋友。我們在研究生的時期比較常和幾位好友聚會，後來大家都忙於工作或家庭，見面的頻率降低，只能靠社群軟體互相關心。我們三五好友每次見面，總會天南地北聊哲學、歷史、政治、科技等等的話題，每次都聊到忘記時間，而每次聊天，我都對張胤賢老師廣博的知識與獨到的見解感到佩服。雖然大部分的時候，他和我意見相左的狀況多，所見略同的時候少，但無損我對他的敬佩。《世界來過台灣》這本書是他說台灣史故事的文集，內容再次讓我驚豔。

在我看來，這本歷史普及著作至少有兩個很值得推薦的地方。第一個就是我前面提到的「立體感」。二十世紀的最後十年，台灣急速地民主化，而在那之前出生並接受義務教育的台灣人，會接受一套我個人認為很錯亂的黨國史觀。這套觀點的問題不在於現今政治上的統獨或藍綠，而是其看待世界的方式太平面、太單一，以致於在面對歷史上很多複雜的社會文化演變及衝突時，它給出了太簡單或甚至幾乎背離事實的解釋。我自己也算是東亞史的研究者，而我到今天還常常在做研究的過程中要跟小時候接受的那套神奇世界觀戰鬥。張胤賢老師是口才極佳的高中老師，是帶有台灣情懷的說書人，也是經過頂尖大學嚴謹學術訓練的中文博士，所以在他的筆下，台灣史上的重要事件會有具「立體感」的描述。例如發生在一八八八年的「大庄事件」，他就引用清國、日本和傳教士三方的史料，透過他的消化與解讀，呈現在讀者面前。關於歷史的學習，重點不是記誦教科書中的內容，而是透過二手與一手資料的閱讀理解，有意義地連結到學習者自身的生活，進而形成自己對歷史的觀點。在大庄事件之後，本書講到了台東天后宮的由來，內容十分精彩，讓筆者也忍不住趁著到台東看棒球的機會，順道至天后宮實地考察。這件事就連結到本書第二個值得推薦之處：從台灣走向世界。

近年來台灣社會與各級學校很努力在推動「國際化」這件事，但什麼是「國際化」呢？社會各界可能有很多不同的看法。對筆者而言，關於國際化我服膺的重要原則之一，是「越在地，越國際」。「國際化」不是「美國化」或「英文化」。「國際」是「國與國之際」，這裡至少包含兩個「國」，一個本土，一個他者。台灣人不是中國、美國、日本、歐洲文化的被動接受者，我們台灣人要先理解自己本土文化的美麗與哀愁，認識自己家鄉先民的足跡，我們才能把這些文化拿出來，跟中國、美國、日本、歐洲文化交流，彼此在善意的基礎上相處並且互相學習對方的優點。沒有在地成分的國際化，最多讓你鸚鵡學舌，表面上多講幾種語言，但你無法深入理解他人的文化，因為你連自身的文化都不懂的時候，很難站在別人的角度實質體會他們的世界。本書名為《世界來過台灣》，而這些足跡在張胤賢老師的筆下，無論是萬金天主堂、台東天后宮、台中一中，還是中壢高中，都活靈活現地跟現代台灣人的在地生活連結在一起。閱讀這本書，你可以知道台灣與世界的連結。或許，你也可以跟隨這本書的腳步，從台灣走向世界。你可以在虛擬的網路搜尋資料與照片，認識台灣和世界歷史，當然你也可以實際去拜訪書中提到的景點、地標，或者與歷史人物有關的史跡，無論他們是在台灣或者在國外。實體的旅行需要克服很多現實的問題，例如旅費、交通、語言、文化衝突等等。而在這個過程中，我相信本書讀者也會更深刻地認識在地與他者的歷史。

二〇一三年秋，我曾應張胤賢老師邀請至中壢高中對學生分享我的學習經驗。分享結束後，我們兩人就在銅馬附近的咖啡座暢聊人生，當時我並不知道那座銅馬的歷史，直到最近閱讀張老師的文章我才清楚銅馬和我們的連結。中壢高中的銅馬原本屬於中壢神社，其主祭神之一為北白川宮能久親王。本書講述能久親王的故事中，提到奧羽越列藩同盟有可能打算擁立盟主能久親王為天皇，引發了後面一連串的事件。戰爭在任何時代都是殘酷的，但經過百餘年之後，我們可以從本書的敘述中稍微體會時代轉換的舞台上每個角色的經歷。或者，被本書內容引起興趣的讀者，也可以從這裡再做延伸，自行查找文獻去理解那段歷史。無論如何，中壢高中的銅馬是台灣與日本歷史連結的實體證據，但高中不對外開放自由參觀，如果你想看銅馬，可以到筆者的家鄉桃園市桃園區，這裡的虎頭山上有一座桃園神社，正式名稱為「桃園忠烈祠暨神社文化園區」，是日本海外完整保存的神社中規模最大的一座，同樣有日治時代的銅馬，和經過兩度大幅修復的神社建築。中華民國的先烈供奉在日本神社建築中，加上社外有戰馬形象的銅馬，在在顯示台灣歷史與文化的複雜性。各位讀者可以把《世界來過台灣》這本書當成起點，我們一起來認識有趣的台灣文化與世界歷史。

二〇二四年八月十六日

國立清華大學通識教育中心與歷史研究所合聘副教授　英家銘

自序／

台灣從來不只是一座島嶼

從來沒有想過，自己會一頭栽進台灣史的奇幻世界。

還記得那一天「故事」網站編輯向我邀稿，希望我寫一篇有關於玄奘的文章。玄奘是《西遊記》唐三藏的原型，他憑藉著一人之力完成到印度取經的壯舉，晚年卻捲入了武則天的政治鬥爭中，最後孤獨地死在遙遠的玉華寺，死後還被強制發棺遷葬，極盡羞辱到無以復加。寫完了玄奘的故事，心情久久無法平復，一代高僧，在皇權的淩遲下，連死亡都無法得到安寧，我悲憤地寫下跋辭，放在文章的尾端：

這是一卷浩瀚的詩篇，萬里黃沙，西域求法
這是一首悲壯的輓歌，青燈寂靜，匍匐悲吟

就以這段文字奠祭偉大又悲苦的玄奘大師吧！原本以為大師的故事已經結束，沒想到交稿後才發現，竟然還有安可曲。

玄奘的頭骨舍利，中日戰爭時，輾轉漂泊到日本，最後再落腳在台灣日月潭的玄奘寺。為此我還特地走了趟玄奘寺，在正殿玄奘佛像面前佇立良久，靜靜地凝視這延續千年的歷史悲壯。這時我突然發現：原來小小的台灣，居然可以串聯起千百年前的歷史大事，在這塊土地上，肯定還有許多和世界連結的精彩感動，等待我們去發掘。於是我心中暗暗發願：我要用情感筆端，書寫我對台灣歷史的驚豔與迴盪，就如同我在悲憤的玄奘故事中，發現了台灣的美麗婆娑。

憑著這股信念，我找到了台北天后宮媽祖廟內，有一位流落在台灣的日本神明——空海大師：他是日本桓武天皇第十六次遣唐使，在日本殖民時代，輾轉來到了台灣，最後愛上了這塊土地，住進了媽祖廟，共同聆聽信眾們虔誠的祝禱。這麼突兀又和諧的組合，太酷了吧！順著媽祖廟的線索，我來到了台東天后宮：一場名不見經傳的台灣後山動亂，與台灣八竿子打不著邊的北洋艦隊，居然開進了台東外海，砲轟作亂番民……這段不為人知的歷史，我寫來複雜沉重，久久無法自己，我想換個心情，開始把目光慢慢轉移到台灣的日本神社。

中壢高中前身是中壢神社，神社銅馬至今還矗立在校門正前方，從銅馬出發，可以看到日本幕末的悲劇人物——能久親王，神社即是祭祀他而立。戰後國民政府將神社改建為中壢中學，建校之初校門口還保有神社鳥居。此時蔣介石在桃園角板山修建行館，這所學校位在行館的路線上，於是蔣介石把兒子蔣經國的雙胞胎私生子藏在這所學校，方便探視。私生子哥哥後來生了一個兒子，就是現在的台北市長。一所學校居然有這麼多八卦祕辛，台灣的校園角落，肯定還有同樣的精彩，循著這樣的精彩，我發現了台中一中。

台中一中沒有銅馬，但是校門右邊，豎立有一座昭和七年之創校紀念碑，碑文開頭即以遒勁有力的筆觸，寫下那震撼人心的創校宣言：「吾台人初無中學，有則自本校始」。日本統治時期，台灣僅有兩所中學，專供日人子弟就讀，台籍學生若要上中學，只能將子女送到日本內地，或對岸的福建學校就讀。昭和七年，以霧峰林家為代表，串聯板橋林家，共同捐款、捐地，向台灣總督請願，最後獲准建校。

俗諺云：「一林家，兩天下。」這兩林家的歷史，幾乎就是台灣近代史的縮影，從日本、中國，到南洋，都可以看到林家的身影。閱讀到此，心中不免震撼，台灣不過是一個小島，這群商人憑什麼這麼厲害？歷史再往前翻頁，其實，台灣可厲害呢！

三百年前，一個盤踞在台灣的海商集團，在藍色海洋、美麗寶島之奇幻組合中，居然可以成功抵禦大清王朝的侵略，甚至還可以反過來騷擾攻擊雄偉的大清帝國，打得在清裝劇中不可一世的康熙帝，放棄一個中國的原則，狼狽地爬上談判桌，輕聲細語地呼喊求饒。從清朝、日本、國民黨到當代民選政府，沒有一個政權敢怠慢他，延平郡王祠至今香火不斷，這就是我們國姓爺成功的故事。

國姓爺的傳奇讓我低回許久，重新架構我對史學的認知。我們探尋了許多台灣今生的故事，那麼台灣的前世在哪裡呢？什麼才是台灣的原始基因呢？原來台灣的前世是海洋，基因代碼為藍色。

六百萬年前，台灣從海面下隆起，就注定了她與海洋難以割捨的美幻奇緣：五千年前當大陸文明還在沉睡之際，南島語族挾著不可思議的航海技術，從這裡出發，航行向全世界。原來台灣從來就不會只是一座島嶼，她是海洋文明的起點，世界由此開始。

一千五百年前，當中國的史書以夷州、流求稱呼東南沿海的一座小島時，台灣開始以似有若無的姿態，沉睡在虛無縹緲之中。是夷州？還是流求？誰也說不清，因為身處藍色海洋上的「她」根本不重要。

一千年後，當東亞的海盜開始威脅大明的黃土政權時，台灣似乎變得重要起來，因為她是大明東南國防的最前線。不過大明朝最多也只是派出戰艦前往掃蕩，亂平之後，台灣依舊孤懸在大洋之中。差不多在同一時間，葡萄牙在航道上發現了她，西班牙躲在馬尼拉窺伺她，就連東北端的豐臣秀吉也趕來湊熱鬧，最後這份被海浪牽引的「藍色緣分」，落在擅長「填海造陸」的荷蘭人身上。

荷蘭人在沙洲上築起美麗的城堡，這座帶有鬱金花香的歐式建築，就是我們熟習的熱蘭遮城（安平古堡），往後四十年，這裡將成為東亞地區最重要貿易商港。而台灣將以Formosa之名，名揚世界。

兩百年後台灣開港，英人John Dodd來台設立茶廠，即以「Formosa Tea」之名，將滿載茶香兩艘帆船直航美國紐約，造成轟動。原來Formosa，始終讓世人，記憶猶新。

明瞭海洋烙印在台灣土地裡的藍色基因，才能夠串起整部台灣歷史。

西班牙文獻記載馬尼拉中國商人為「Sangley」，因為他們常說來這裡「做Sangley」，他們是「Sangley人」，「Sangley」就是閩南語，「生理（生意）」的譯音。這群「Sangley」郎來自福建，回程路過台灣墾丁，順道上岸與最南端的原住民進行交易。目前墾丁「社頂遺址」的排灣族石棺中，就曾出現墨西哥鑄造廠所生產的銀元，以及菲律賓的當地物資。原來我們的祖先，早就參與了這場全球貿易的壯舉，這群「Sangley」福建佬，和在地的排灣族，共同見證這屬於婆娑之島的藍色美麗。

全球最大的俄羅斯海參崴水族館，冬天會結冰的高緯度地區，卻要展示來自熱帶地區的華麗魚種，背後的技術團隊竟然是來自台灣。其實這也沒什麼好驚訝，君不見台積電市值突破早已突破八千億美元，僅次於臉書Meta的一．二七兆，成為亞洲第一，全球第八大市值公司。全世界都拉攏台積電到當地設廠，何以人口僅占全球千分之三的變形蟲小島國，具有如此不可思議的全球魅力呢？
答案都在這座珍貴的島嶼！

循著香料的跨海遠征：福爾摩沙的前世今生

壹、熱鬧的島嶼　孤獨的身影

一、瑤波碧浪中的創世記憶——世界從我開始

「遠古的族人，離開家鄉，勇敢地踏上超越大海的旅程，尋找新的土地。」這是流傳在花蓮阿美族部落裡的古老故事。

紐西蘭，澳洲大陸東南方的海上島嶼，一位阿美族的年輕人，在國家地理頻道的安排下，來到這裡尋找族人的傳說：他震驚地發現，在這個遙遠的國度，島上的毛利人原住民，居然有與家鄉阿美族類似的音樂舞蹈、手工藝術品，甚至是語言使用上也極其相似，難道古老的傳說是真的？

五千年前，一種古老的南島文化，憑藉著不可思議的航海技術，橫越數萬公里，開始向外傳播：向東抵達南太平洋東部的復活節島，向西擴散到東非洲外海的馬達加斯加島，往南則是登陸紐西蘭。東西兩端的延伸距離，超過地球圓周的一半，總人口數達到兩億五千萬之多，這個古老文化的最初發源地，就是最北端的我們——台灣。

原來台灣從來就不只是一座島嶼，她是海洋文明的起點，世界由此開始。

然而當大陸文明興起時，台灣開始虛無縹緲在若有若無之際，是夷州？是流求？還

是東夷？誰也說不清楚。

五千年後，一五八二年七月六日（明朝萬曆年間），一艘澳門葡萄牙的大型商船，啟航前往日本，途中遭遇暴風襲擊，十日後清晨，擱淺在某島嶼的淺沙中。眾人涉水登岸後，選擇出海口附近的沙洲搭起草寮避難。島上的原住民見船難，過來撿拾漂流的貨物，彼此發生衝突，互有傷亡。

為了脫困，眾人拆除原船木板，合力打造一艘新船，於九月三十日，終於成功離開，返回澳門。

這次的船難，歷時將近兩個月半，在原住民窺伺、海象凶險的雙重威脅下，僅以十三人喪生的極少代價，奇蹟似地又回到了澳門。由於船上搭載了許多神父，眾人皆認為是上帝的神蹟協助，於是不約而同地留下大量文字紀錄，見證這神聖的一刻。

西班牙Alonso Sanchez神父〈船難述略〉表示：「在航經海峽途中，有一島名叫Hermosa，此乃因從海上觀之，有高聳青翠山脈可愛之故。」另外一位葡萄牙耶穌會士Francisco Pirez神父，也用相同的Hermosa稱呼船難遭遇的島嶼。

Hermosa？好熟悉的名字，究竟是指哪一個島嶼呢？根據神父們留下的紀錄：這座島嶼可見高聳於雲端的高山，山上有不少樹木、有些地方為一大片草地，不少鹿隻棲息其間，其中有些體型頗大，原住民在此用槍矛捕鹿。

在澳門與日本的航道上，有高山、有群鹿、有原住民狩獵，這不就是五百年前的原始台灣嗎？

一五五四年，葡萄牙航海家在一幅世界地圖上，畫上一個像是變形蟲的島嶼，標記為Fermosa；一五八四年，一位西班牙船長，行經福建外海，北緯二十一又四分之三度的島嶼時，想起了三十年前的變形蟲的島嶼，稱呼她為「Fermosas」。

十六世紀初期，這座位於澳門——日本航線上的美麗島嶼曾有東番、小琉球、Fermosa等等不同的稱呼，隨著時間的推移，慢慢聚焦於Fermosa。船難神父所使用的西班牙Hermosa，譯音自葡萄牙語Fermosa，就是我們美麗的台灣。

這一場奇蹟似的船難，見證了上帝庇佑的榮耀，當年也算是一件轟動的新聞。一位年輕的義大利籍神父，在一五八二年（萬曆十年）前往中國傳教，於八月七日到達澳門。此時船難剛發生，年輕的神父也聽聞此消息，在日記中感慨地寫道：

過去一年多次發生船隻失事，特別在台灣島外慘重損失了一船赴日本貿易的貴重貨物，差不多把該城當時的財富全部丟光。

這位年輕的神父，就是歷史課本中，廣受明朝士大夫敬重，翻譯歐幾里得的《幾何原本》、繪製《坤輿萬國全圖》，大名鼎鼎的利瑪竇神父。

利瑪竇從來沒有來過台灣，卻在日記中描繪下她的身影。至此，在瑤波碧浪中沉睡千年的創世記憶，即將重新被喚醒，台灣隨著歷史洋流的匯集，再度成為世界的中心。

此後世界將頻頻造訪這座奇幻的島嶼，而我們也會為世界留下精彩的足跡。

沒有來過台灣的利瑪竇，大航海時代也聽聞過Fermosa的芳名。（圖片來源：維基公領域）

二、世界洋流的匯集地

是什麼樣的機緣喚起了沉睡千年的台灣，使她再度成為世界洋流的匯集地呢？答案其實就在我們日常生活中不起眼的調味料：五香、八角、胡椒。

在古代歐洲，香料的魅力可說是包山包海，它滿足了人們的口腹之欲，帶來舌尖競逐中的追求；它濃郁醒腦的氣味，也成了包治百病的靈丹妙藥；它也是權貴們彰顯品味、炫耀財富的工具，甚至可以當作一種交易用貨幣。

為什麼不起眼的香料會這麼珍貴呢？原因在於它難以取得。調味香料的原產地在遙遠的東方印度、中國一帶。早期的香料路線，是透過阿拉伯人的商船，從印度駛向紅海的港口，再通過陸路抵達尼羅河，進而從尼羅河運到亞歷山卓，最後裝船運到義大利與羅馬。

公元五世紀，西哥德的亞拉里克一世包圍羅馬城時，流傳一段美麗的傳說：

給我交出一噸胡椒香料，我馬上就會退兵。

當年漢武帝為了汗血寶馬出兵攻打大宛國；歐洲人僅僅為了胡椒就包圍羅馬城，西洋人的口味確實比較重。

一九七六年英國女王伊莉莎白二世訪問美國，鄭重地接受了兩百七十九粒胡椒，以此來象徵美國償還了自英王威廉三世（一六五〇—一七〇二）以來，積欠英國兩百七十九年的租金。胡椒居然還可以當作租金繳納，也算是驗證了那段重口味的年代，現代英語中仍然使用peppercorn rent（胡椒租金）一語，正說明了舌尖記憶才是真正的永世流傳。

1. 魯蛇逆襲的葡萄牙

進入十五世紀，當基督教世界兵敗如山倒，鄂圖曼土耳其帝國控制了東地中海，傳承了千餘年的香料路線遭到了封鎖，本來就昂貴的香料價格，持續飆漲，位居歐洲大陸最西端的葡萄牙，經過沿途奸商的層層剝削，香料的價格已經完全失控了。

如果可以避開土耳其人，開發出一條通往東方的新航道，然後再把採購回來的香料，重新賣回歐洲，那簡直就是不可思議的財富。

整個歐洲都在作這個發財夢，但最早付諸行動的，就是被香料價格波及最慘的受害國——葡萄牙。

葡萄牙是西歐最窮的魯蛇小國，然而香料的發財夢，讓他們願意抱著必死的決心，循著陣陣誘人的香氣，沿著非洲西岸往南航行。

經過近百年的探索，犧牲無數人命，終於繞過了好望角，抵達印度，成功完成香料財富的美夢。

夢，沒有最大，只有更大。

此時正值明朝嘉靖年間，日本倭寇大舉騷擾中國東南沿海，大明將日本踢出了貿易群組，封鎖消息，不再往來。

17世紀，前往日本貿易的葡萄牙商人，撐傘者皮膚黝黑，應為黑奴。（圖片來源：維基公領域）

不過由於中國所生產的生絲綢緞深受日本貴族喜愛，而日本也在此時發現銀礦並開始大量開採；反觀明朝卻因為發行紙幣不當，造成通貨膨脹，必須改為白銀代替，但是中國的銀礦產量並不豐富，無法滿足貨幣流通的需要，造成嚴重的金融危機。

日本需要中國的絲綢，中國需要日本的白銀。聰明的葡萄牙看準這項龐大的商機：馬上從馬來半島南端的麻六甲採購胡椒北上，換取了中國的絲綢，再運到日本換取白銀，再用白銀回頭購買中國的絲綢，再運到日本變現白銀，如此循環套利，竟然比胡椒運回歐洲的利潤還要高。

套利生意是會上癮的。一五五三年葡萄牙透過賄賂、收買的手段，直接向大明官員承租了廣東南端一個小港口——澳門，作為中日貿易的據點，我們的「Fermosa」就是在這條套利的貿易路線上，讓世界看見了她。

2. 閃閃銀光的西班牙

繼葡萄牙後，西班牙也展開他的海外探險，儘管成功橫越了大西洋發現了美洲，但是巨大的美洲大陸，卻擋住了前往東方的航線，眼看著葡萄牙在東方發大財，不甘心的西班牙在皇室的大力支持下，一五二〇年由麥哲倫（Fernando de Magallanes）領航，終於結束美洲大陸鬼打牆，成功繞開最南端，駛進入了太平洋，並在隔年抵達菲律賓，正式開闢了東方太平洋航線。

儘管開闢了新航道，西班牙還要經過多年的努力，才找到找到正確的回程洋流。一五七一年，西班牙在馬尼拉正式建立根據地，此時葡萄牙已經在東方發財了將近一百年，但是沒關係，西班牙很快就會以鬥牛的節奏，狂奔崛起，而這道鬥牛洋流也將賦予福爾摩沙台灣更多不同的文化風貌。

有趣的是，西班牙、葡萄牙都是循著香料的氣味，來到了中國東方，卻發現中國的生絲與瓷器遠比香料更值錢。不過，橫在眼前的難題是，菲律賓食物始終在東南亞排不上名，原因就在於當地生產的香料實在不夠香，拿檔次較低的菲律賓香料，根本換不到中國所生產高級的生絲與瓷器，那怎麼辦呢？

別急，歷史的際遇總是會出現令人意料之外的安排。

一五四五年，西班牙在南美洲殖民地祕魯發現大規模存量的銀礦與水銀礦，透過提煉與開採，西班牙擁有全世界最大面額的金屬鈔票。香料不夠香沒關係，銀元的香氣勝過一切。

源源不絕的墨西哥銀元，沿著太平洋直達航班送進了馬尼拉，魚貫排列的中國商人，拿著中國的生絲、瓷器，兌換成墨西哥銀元，一艘艘滿載中國珍寶的船隻再越過太平洋回到墨西哥阿普卡科港（Acapulco）。卸下貨物後，由騾子載運穿越崎嶇的山區，抵達大西洋，最後集中在維拉庫茲（Vera Cruz）裝船運回西班牙，完成全球貿易的循環。

西班牙文獻記載這些中國商人為「Sangley」，因為他們經常掛在嘴邊，來這裡「做Sangley」，他們是「Sangley人」，「Sangley」就是閩南語，「生理（生意）」的譯音。

這群操著閩南語的中國商人來自福建，回程路過台灣墾丁，順道上岸與最南端的原住民進行交易。目前墾丁「社頂遺址」的排灣族石棺中，就曾出現墨西哥鑄造廠所生產的銀元，以及菲律賓的物資。原來我們的祖先，早就參與了這場全球貿易的壯舉，這群「Sangley」福建佬，和在地的排灣族，共同見證這婆娑之島甦醒的偉大時刻。

3. 湊熱鬧的日本人

正當台灣參與世界貿易之際，剛完成日本統一的豐臣秀吉也趕來湊熱鬧。秀吉恫嚇東亞諸國，要求琉球（沖繩）、葡萄牙、西班牙馬尼拉對其納貢，否則將出兵征討。

馬尼拉當局收到日本的南侵恫嚇，大為驚恐，開始擬定作戰計畫，準備出兵占領北方一座變形蟲島嶼，作為防禦日本南侵的前哨站，這座島嶼，就是台灣。

事實上，早在一五七一年西班牙建立馬尼拉為根據地時，便曾計畫攻占包括台灣在內的周邊島嶼，只是馬尼拉南方諸島的伊斯蘭勢力仍然存在威脅，出兵台灣的軍事行動只能暫且擱置。

然而當豐臣秀吉恫嚇南侵時，驚恐的馬尼拉當局又再度興起攻占台灣的計畫，但隨著秀吉的猝逝，日本南侵的威脅也隨之煙消雲散，台灣這塊島嶼，又再度孤懸在馬尼拉的北方。

六十年後，國姓爺占領台灣，同樣派遣使者威脅馬尼拉必須向台灣稱臣納貢，否則將率兵征討。西班牙人聞訊，再度大為驚恐，趕緊抽調兵力，積極備戰。爾後，隨著鄭成功猝逝，台灣南侵的傳聞隨之煙消雲散，雙方又再度彼此孤懸在大洋南北的兩側，歷史的巧合，有時會雷同到令人不可思議。

鏡頭再拉回秀吉，除了要求東亞諸國的外國勢力稱臣納貢外，他當然也看到夾在中間隨著海洋婆娑蠕動的台灣變形蟲。

一五九三年十二月二十七日，秀吉派遣使者原田孫七郎攜帶《高山國招諭計畫書》前往台灣北部，要求「高山國國王」稱臣納貢。但由於當時台灣政治上處於多個王國政權並存的狀態，在台灣並沒有「高山國國王」，原田只得無功而返。

秀吉對台灣高山國的招諭雖然是笑話一場，不過隨著澳門到日本的航線開通，嗅覺敏銳的中日兩國商人，早已匯聚到台灣最北端的雞籠進行交易，這也讓好大喜功的秀吉

豐臣秀吉以台灣為中心，占領東南亞的瘋狂計畫，在明治維新後，逐一獲得實現。（圖片來源：維基公領域）

注意到這塊奇幻的島嶼。三百年後的日本人，也將隨著秀吉當年的瘋狂計畫，以台灣為基地，占領整片東南亞，此時人們才驚覺，原來秀吉鬧得不是笑話，因為**台灣**，**始終是這塊海域的奇幻中心**。

「確認過眼神」，每一道匯集的洋流都都流露出對台灣美麗倩影的依戀，即使落葉堆積了好幾層，即使踩過無數的青春，那前世裡的浪潮紛紛，哪怕只能有一次的認真，也都值得好好地等。

這道緣分，即將帶著鬱金花香，華麗登場。

4. 創意無限的荷蘭人

正當葡萄牙與西班牙這兩個國家在東方發大財之際，一個西班牙王國統治下靠海的小省，從一五八一年開始，與西班牙開打獨立戰爭。西班牙為懲罰這位小弟弟，封鎖了這裡的貿易路線，小弟弟為了求生存，派出商業間諜，竊取了葡萄牙人前往印度的航海圖機密。有了印度祕方的加持，小弟弟也如願來到了東方，加入了台灣世界洋流的脈動，這位西歐小弟弟就是名聞台灣近代史的荷蘭。

一六二四年，原本占領澎湖的荷蘭，在明朝水師的驅趕與暗示下，離開了澎湖，來到了台灣大員（台南），建立了熱蘭遮城（安平古堡），期待已久的海洋緣分，終於登陸了台灣。

儘管台灣自古就是海洋文明的交匯處，但為何從一五五四年Fermosa登上世界地圖開始，前後經歷葡萄牙、西班牙，甚至是日本，都沒有辦法有效登陸台灣呢？

原來台灣是世界少數擁有高山的島嶼，夏季的颱風帶來極端的降雨，東高西低的地形，使得河川坡陡流急，讓中西部海岸成為平緩的沖積扇，河口外則是沿岸淺水沙洲，不利於吃水較深的大船停泊，再加上戰鬥力超強的剽悍台灣原住民，先天與後天因素，使得長久以來難有外人能深入開發台灣。

歷史的緣分就是這麼美妙，台灣

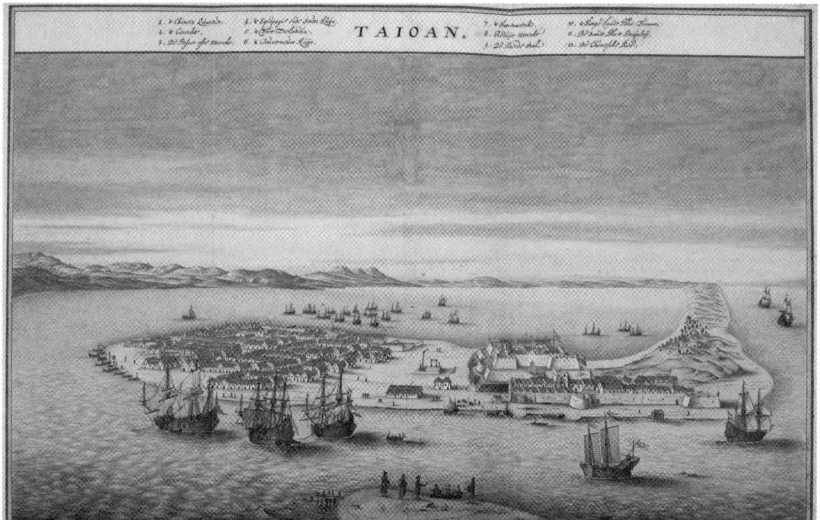

《大員港市鳥瞰圖》，藏於荷蘭米德爾堡哲烏斯博物館（Zeeuws useum）。（圖片來源：維基公領域）

西部不易停靠船隻的沙洲不良港，剛好遇上家鄉是低窪沼澤、天生就是填海造陸高手的荷蘭人，經過一番巧手打造，沙洲上開始出現美麗的城堡，大型商船也可以順利停靠，往後四十年，這裡將成為東亞地區最重要的貿易商港。

打造出大員商港還不夠，比起西、葡兩位老大哥，荷蘭人晚了半世紀以上才來參加這場亞洲的貿易盛會，想要後來居上，這位小老弟必須發揮比「填海造陸」更有特色的商業創意。

有別於中國商人為了應付大量外銷所提供的單一規格化瓷器，荷蘭人主動提供中國商人各式西洋構圖的瓷器樣品，使其所訂購的瓷器紋飾造型更加符合海外各地市場的需求。

以荷蘭本土所熱衷的鬱金香紋飾為例，就是由中國商人接受訂單後客製化完成，在台南熱蘭遮城的出土文物中，以及在荷蘭阿姆斯特丹博物館內，都可以看到這樣鬱金香紋飾造型的瓷器，見證了這位後起之秀不凡的商業創意。

荷蘭人將「客製化」做到了極致，台灣成為全球瓷器樣品的集中地，包含歐洲、南亞、西亞與印度等地的木質模型樣品，都是透過台灣大員轉交給中國瓷商，再攜入中國內地產區依樣製作。

一六三〇年後，台灣的轉口瓷器貿易日趨成熟，運送瓷器的華商增加，台灣甚至出現專業的瓷器代理商，往返於海峽兩岸之間。在荷蘭人的紀錄中，可見多位華商從事瓷器代理，其中以福建廈門仕紳Hanbuan「林亨萬」最為著名。

林亨萬是明萬曆進士，官場失意後返回老家，運用了從前為官的人脈網絡，投入代理荷蘭瓷器的商業買賣，由於他人脈廣、手腕高，單單在一六四三年到一六四四年兩年之間，林亨萬至少向台灣的荷蘭商館接下超過九十七萬件各式瓷器的訂單，不難看出台灣在荷蘭人經營下所展現的商業規模。

荷蘭人沿用台灣Fermosa的稱呼，隨著台灣國際貿易港口的知名度，讓Fermosa紅遍了全世界。兩百年後，台灣開港，英人John Dodd來台設立茶廠，即以「Formosa Tea」之名，將滿載茶香兩艘帆船直航美國紐約，造成轟動。

原來Formosa，始終讓世人，記憶猶新。

然而，你以為荷蘭人來台灣就只會做生意嗎？那你也太小看這群紅毛先生了。

跟著荷蘭人一起來到台灣的，還有隨其落地生根的植物。根據荷蘭文獻記載，東印度公司首任長官宋克（Martinus Sonck）向巴達維亞總部寫信，要求送一些葡萄、芒果、荔枝、榴槤等水果的樹苗來。其後計算，超過三十種之多。沒看錯，我們生活中再熟悉不過的日常水果，很多都是荷蘭人進口的舶來品，最後落地生根，成為道地的台灣味。

另外，由於台灣大員屬於熱帶氣候，瘧疾橫行，荷蘭人引進雞蛋花（緬梔），用以改善瘧疾的藥用植物。在雲林縣口湖鄉埔南社區內一間宮廟，廟外矗立一株巨大的雞蛋花樹，廟裡供奉著一位留著翹鬍子，黃衣、紅褲、短靴，手上拿有短槍的外籍神明，耆老相傳，這棵樹是某位荷蘭將軍來此拓墾定居所栽植，其過世後被供為「荷蘭公」。

然而在荷蘭記憶中，最特別的，當屬墾丁「萬應公祠」中所供俸的八寶公主神像。相傳十七世紀荷蘭王室一位名叫瑪格麗特的公主，為了尋找荷蘭東印度公司派駐台灣的情郎，不遠萬里來台。然而天不從人願，瑪格麗特公主聽聞情郎在東部卑南遇害消息後，傷心之餘，打算前往憑弔，所搭乘的船隻後來在墾丁瑯嶠觸礁沉沒，上岸後遭原住民殺害。由於公主的遺物共計有八樣，墾丁人於是稱呼她八寶公主。

八寶公主遇害後，因地方不寧，請來乩童作法，乩童口出英語，透過地方人士翻譯，才知道是幾百年前有位紅毛公主在墾丁被殺，因沒船回去，導致陰魂不散引起禍端，不過紅毛公主又表示願常留此地，居民於是建廟供俸，令其安息。

文史學者推斷，八寶公主的原型應為一八六七年美國籍船羅妹號（Rover）遇難的船長Joseph W. Hunt之夫人。不過由於兩百年前荷蘭人統治的歷史印記，美籍船長夫人，搖身一變成「為愛走天涯」荷蘭八寶公主的浪漫故事。**傳說、歷史與記憶，在此共同交織出那段專屬台灣的婆娑美麗。**

安可曲．西班牙人在雞籠

荷蘭人在台灣做生意可說是風生水起，但這群遠離祖國的商人卻始終不忘「國仇家恨」，把家鄉的獨立戰爭，挪到海面上開打：荷蘭人在台灣海峽，狙擊打劫任何開往馬尼拉的商船，企圖從上游截斷馬尼拉的中國貨源，要讓馬尼拉斷糧斷炊。

荷蘭的報仇行徑果然奏效，逼得馬尼拉再次啟動塵封許久的台灣計畫。

一六二六年西班牙船隊由馬尼拉出發，避開台灣海峽，北上繞行台灣東海岸，最後選擇在雞籠社寮島（今和平島）修築San Salvador城（聖薩爾瓦多城），同時也修築天主教在台第一座「聖諸教堂」。

雞籠為在台灣最北端，本來就聚集了許多中日兩國的商人，再加上身懷鉅銀的西班牙人，讓這座北台灣的小城市，熱鬧程度不輸南端的熱蘭遮城。

至此，台灣又多了一道西方洋流駐紮，隸屬菲律賓總督管轄。西班牙國王如果要下達命令給雞籠駐軍，首先由首府賽維亞出發，橫渡大西洋在墨西哥灣上岸，走陸路運至太平洋岸在出海，順著黑潮抵達菲律賓的馬尼拉，再北向沿東台灣海面，最後抵達雞籠，反之亦然。

如果說，荷蘭人讓台灣沿著麻六甲、印度洋，一路紅回歐洲；西班牙則是透過另一個半球，讓台灣的名字，出現在歐洲的國家檔案室。小小的台灣，居然也有大大的名氣。

然而有一天，雞籠的中國商人抱怨，怎麼西班牙人的銀元越來越少了？不久後，荷蘭就從大員北上，輕鬆打敗西班牙，結束了銀元與雞籠短暫的緣分，這到底是怎麼一回事？

原來身為暴發户的西班牙，挾著雄厚的白銀資本，在歐洲大陸上到處開戰，幾年下來，西班牙的財富在戰場上飛快的消耗。一六一八年歐洲爆發三十年戰爭，西班牙終於撐不住了，多次向義大利的銀行家貸款，到後來連利息都無法償還。

一六三六年，窮到脫褲子的西班牙只好下令，墨西哥至馬尼拉的航線停駛，把美洲的白銀，通通交付給母國西班牙續命。亞洲的馬尼拉沒白銀了，官兵的薪餉發不出來，再加上菲律賓南部的叛亂，只得放棄北台灣的經營。

有趣的是，馬尼拉沒有白銀後，無法再與中國貨品交易，連帶衝擊明朝的金融秩序，使得白銀變得更貴。然而用白銀繳納的稅金非但沒有下降，反而因為北方的戰爭，加碼增稅，最終引發農民叛亂，導致明朝滅亡。

一葉可知秋，台灣在世界貿易的最前端，敏銳地感受世界局勢的起伏變化，明朝的滅亡，台灣商人最先知道。

西班牙的故事結束了嗎？

兩百年後，台灣開港，羅馬教廷隨即命令馬尼拉傳教士前來台灣布教，歷經苦難，終於在屏東萬金建立天主教堂。距離上次的雞籠傳教，已是兩百一十七年前的陳年往事，教會的歷史紀錄，用極其有力的筆觸寫下，這是我們的「重返台灣」。

貳、小琉球悲歌：烏鬼傳說

> 烏鬼蕃分布南起小琉球島，北至台南的區域，以鳳山（縣）為中心分布，相傳現在仍有遺跡。——《台灣踏查日記》

這是日本著名人類學家伊能嘉矩，在台灣總督府民政局任職期間，親自走訪台灣全島所留下的踏查紀錄。原來台灣曾經存在一支名為「烏鬼」的族群，現今台南、高雄地區仍保有「烏鬼井」、「烏鬼渡」、「烏鬼埔」等地名，小琉球島更有著名的「烏鬼洞」。然而是什麼原因，讓這支名稱嚇人的台灣住民，消失在歷史之中呢？

一、台灣早期開發者

「烏鬼」一詞，早先見於杜甫詩：「家家養烏鬼，頓頓食黃魚。」有可能指的是烏鴉、蝙蝠等等黑色的動物。到了十六世紀大航海時代以來，西方船隻紛紛來到東方，中國文獻《皇清職貢圖》也留下「烏鬼」的紀錄：

> 通體黝黑如漆，惟唇紅、齒白。婦項繫彩色布，袒胸露背，短裙無褲；手足帶釧。黑奴男女以手摶食。夷屋多層樓，處黑奴於下。若主人惡之，錮其終身，不使匹配；示不蕃其類也。

原來當葡萄牙、西班牙、荷蘭等國躋身海上霸權時，當時的非洲成為列強殖民的首選。當地人民被當作奴隸，隨同商船或艦隊運往各地，被販賣、被當作日常生活所需的勞動人力。

隨著荷蘭人占領大員，開始修築熱蘭遮城，這批烏鬼也成為首選的勞動力，飄洋過海，來到了台灣。連橫《雅言》有生動的描述：

色黑如墨，性愚而勇。葡、西二國之開美洲也，每購其人，從事勞作，役之如牛馬，謂之黑奴。而荷蘭經營台灣亦用之，故烏鬼所至尚留其名。

「烏鬼」就是黑奴，早期台灣的開發都可見其身影，烏鬼之名也因此進入到了台灣的地名之中。

烏鬼除了充當勞動力外，荷蘭人文獻的台灣報告中，也曾指出烏鬼頗具水性，中國文獻亦云：「其（荷蘭人）所役使名烏鬼，入水不沉，走海面若平地。」在大航海時代，能夠熟悉水性的烏鬼，其存在價值，遠勝於一般的勞動力，因此在荷蘭的艦隊，不難看到烏鬼的編制配額。

有趣的是，縱橫大海的鄭芝龍船隊，大概也從西洋人身上發現烏鬼的好處，在與荷蘭人的一次交易中，鄭芝龍就曾派出了三名烏鬼全程監視商品買賣。

西元一六六一年，鄭成功登陸台南並包圍了赤崁樓。荷蘭長官揆一（Frederick Coyett）遣特使赴鄭成功軍營議和，驚訝地發現，國姓爺也有兩隊黑人兵（Black-boys），其中很多曾是荷蘭人的奴隸，知道如何使用步槍（rifle）和火槍；他們在福爾摩沙的戰役中，發揮了很大的殺傷力。

看來烏鬼的好處是無法私藏的，荷蘭人、鄭成功家族都是烏鬼的愛用粉絲。

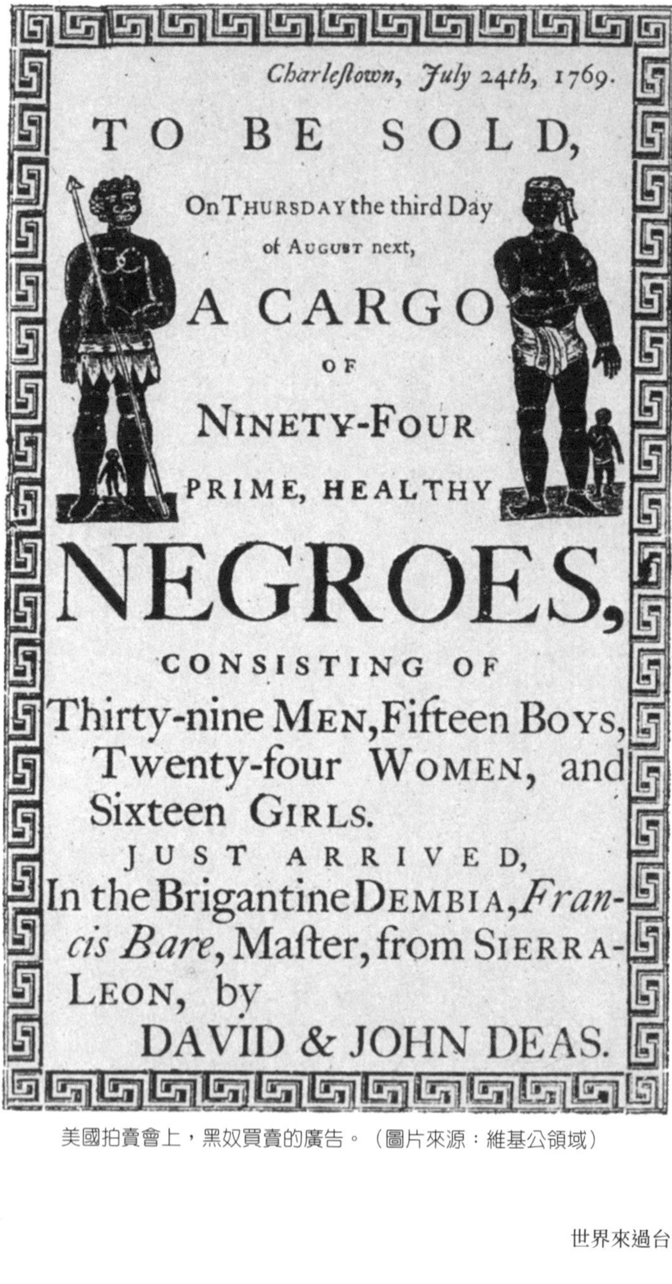

美國拍賣會上，黑奴買賣的廣告。（圖片來源：維基公領域）

烏鬼既為鄭氏政權的護衛者，不免涉入鄭氏家族的政爭。鄭經死後不久，其子鄭克壄旋即遭殺害。《台灣外記》即有「烏鬼將壄屍拖於旁院」的紀錄，康熙年間《鄭成功傳》則是直接說「（鄭經）諸弟夜命烏鬼拉殺」。

不管是幫兇或主謀，烏鬼對於早期台灣開發、政局變化，有其深刻的影響。那麼最負盛名的小琉球烏鬼洞，是否也和台灣的烏鬼有關呢？其實這牽涉到一段傷心的往事。

二、小琉球烏鬼洞悲歌

一艘荷蘭人商船金獅船號，於一六二三年在東港外海的小琉球島附近下錨，船長和若干船員上岸欲尋求物資補給，不料卻全部慘遭小琉球原住民殺害。隔年（一六二四），荷蘭人成功登陸台灣大員，開始建築熱蘭遮城，由於初期情勢未穩，荷蘭人尚無法興兵征討小琉球，只能以「金獅島」（Gouden Leeuw Eiland）稱呼船員的遇難島嶼，作為提醒與追憶的方式。

十年後（一六三三），荷蘭人站穩根基，派遣三百名荷蘭兵士，配合新港社人出征小琉球。荷蘭人配有洋槍、大砲，小琉球人當然不敵，但是由於琉球是珊瑚礁島嶼，擁有大量天然的地底洞窟，當地住民逃竄到洞窟內躲藏，荷蘭士兵搜捕未果，最後撤離回台灣。

三年後（一六三六），荷蘭人再度發動遠征，鑒於前次的失敗經驗，士兵們仔細搜索島上的洞窟，終於發現居民所躲避的一個大洞窟。荷蘭長官下令塞住所有洞口，管控一切糧食飲水，開始放火煙燻，三天後，最先有四十二名族人爬出洞來；五天後，士兵進入洞內，發現兩、三百具屍體。

此次戰役，依據荷蘭人的文獻紀載，小琉球全島大概有一千名人口，被消滅掉有五百名，其中約有三百名即在洞內被燻死，活擒送到大員的有一百三十四名男士、一百五十七名婦女、一百九十二名小孩，共計四百八十三名。儘管小琉球的殘存人口已不多，但是英勇的族人仍然對荷蘭軍隊發動偷襲，這使得荷蘭當局嚴命對小琉球全島清空。

自一六三六年遠征戰役，荷蘭軍隊把搜捕到殘存的島民，一批一批放逐到台灣為奴隸。幾年後，小琉球已經徹底成為無人島，於是荷蘭人開始招募台灣的漢人來此地開墾，來島漢人發現了當年悲劇發生的地洞，裡頭滿是焦黑的屍骨，自然聯想起跟隨荷蘭來台灣的烏鬼黑奴，於是稱呼此地為烏鬼洞，沿用至今。

九〇年代，曹永和教授自學荷蘭文，翻閱荷蘭文獻，提出了烏鬼洞與荷蘭人的殺戮相關，才讓這段悲傷的歷史，走出洞口，重現光明。

金獅島：這是美麗的名字，卻也是殘酷的詛咒。

參、天生麗質之海洋性格

六百萬年前，台灣從海面下隆起，就注定了她與海洋難以割捨的美幻奇緣：五千年當大陸文明還在沉睡之際，南島語族挾著不可思議的航海技術，從這裡出發，航行向全世界。

一千五百年前，當中國的史書以夷州、流求稱呼東南沿海的一座小島時，台灣開始以似有若無的姿態，出現在虛無縹緲之中。是夷州？還是流求？誰也搞不清，因為「她」根本不重要。

瞧！備受推崇的桃花源必須是綠色的山青，偶爾點綴幾許粉色的繽紛落英，但千萬不能是藍色。藍色是大陸文明的禁忌之色，只有暴虐的秦始皇才會派遣徐福航向藍色大海尋找仙丹，通常的結局是回不來了。轟轟烈烈的鄭和下西洋，也在明成祖薨逝隨即喊停，為了防止後世子孫仿效，珍貴的航海圖、船隻設計圖一概銷毀，結局和秦始皇一樣，永遠回不來了。

儘管台灣被禁錮在孤島上，但她可沒忘記祖先賦予的藍色印記。在台灣淡水河口發現的台灣史前的鐵器時代「十三行文明」：已有初步煉鐵技術，開始使用金、銀、銅，亦發現瑪瑙珠、玻璃製品、瓷片。遺址也出土有唐、宋時代的銅鏡、瓷器、錢幣，說明其與中國、東南亞及台灣島內各文化往來密切，這不正是大航海時期的台灣嗎？

原來台灣始終沒有沉睡，「她」始終在世界貿易中，散發藍色海洋的最佳魅力。

筆者截稿之日，台積電市值突破八千億美元，僅次於臉書Meta的一．二七兆，成為亞洲第一、全球第八大市值公司。

美國制裁中國需要她；日本晶片復興也仰賴她，德國更是補貼五十億歐元，讓台積電落腳設廠。何以人口僅占全球千分之二的小島國，具有如此不可思議的全球魅力呢？

因為，這就是台灣。

參考文獻

羅麗馨，〈豐臣秀吉侵略朝鮮〉，《國立政治大學歷史學報》，第三十五期，二〇一一年五月。

翁佳音，〈葡萄牙人與「福爾摩沙」：並論一五八二年的船難〉，《歷史月刊》，二二〇期，二〇〇六年五月號。

鄧慧純，〈一六二四，發生什麼事？台灣島的奇幻旅程〉，《台灣光華雜誌》，二〇二〇一四年七月。

蔡慧崑，〈南台灣烏鬼地名考論〉，《東海大學圖書館館刊》，第二十四期。

曹永和、包樂史，〈小琉球原住民的消失：重拾失落台灣歷史之一頁〉，平埔文化資訊網。

藍色海洋的夢幻驚豔：

台灣第一所神社開山神社

壹、開場

在新冠疫情的助攻下，二〇二〇年中國「華為手機」榮登全球第一大手機製造商的光榮寶座，儘管美國政府持續加強打擊力道，但是「華為」依舊紋風不動、老神在在。

同年九月，台灣晶片大廠台積電宣布：停止出貨供應華為手機晶片。一年後，華為手機全球市占率僅剩百分之一．七，遠遠掉出排行榜之外。

為什麼連美國都無法對付的中國手機，台積電一出手，立刻讓它跌落神壇？什麼時候，我們台灣變得這麼厲害？

其實台灣一直這麼厲害！

三百年前，一個盤踞在台灣的海商集團，在藍色海洋、美麗寶島之奇幻組合中，不僅可以成功抵禦大清王朝的侵略，甚至反過來騷擾攻擊雄偉的大清帝國，打得在清裝劇中不可一世的康熙帝，放棄一個中國的原則，狼狽地爬上談判桌，輕聲細語地呼喊求饒。

愛台灣的你，知道這段歷史嗎？

這個海商集團的領袖叫做鄭成功，在康熙收台後，一度禁絕鄭氏宗祠的祭祀，然而鄭成功的魔幻魅力無法擋；光緒年間，清政府為其建立「延平郡王祠」，這朵百年前幻滅的曇花，居然又奇蹟似地重新綻放。

日本人來了，鄭成功依舊挾持著難以抗拒的奇特魔法，讓日本人為他修葺祠廟，改建成台灣第一所神社，名之為「開山神社」。

究竟這位鄭成功擁有什麼樣的奇特本領，讓大清國為他折腰，讓日本人為他痴狂？

貳、東寧王國

一六六二年延平郡王鄭成功攻打熱蘭遮城，荷蘭人退出台灣。同年六月鄭成功猝死，十一月鄭經即位，開啟了台灣第一個漢人政權「東寧王國」。

台灣第一座神社，除標準鳥居外，立牌可見「開山神社字樣」，右邊則是清代所建延平郡王祠，依稀可見其閩南建築樣式。（圖片來源：維基公領域）

一六六九年（康熙八年），兵部尚書納蘭明珠奉康熙之命，派遣福建知府慕天顏前往台灣招降鄭經。

鄭經禮貌性地招待這位清朝大使，由於康熙堅持鄭經要剃髮稱臣，雙方歧見過大，談判最終並未達成任何的「九二共識」，但這已是海峽兩岸最早的「辜汪會談」，也算是成績斐然了。

回程時慕天顏還帶上一封鄭經回予明珠的親筆信件，其中談到：

> 頃自遷界以來，五省流離，萬里邱墟，是以不穀不憚遠隱，建國東寧，庶幾寢兵息民，相安無事。——〈復明珠書〉，《台灣通史．建國紀》

大意是說：「自從兩岸開打以來，生靈塗炭、廢墟萬里，為了躲避戰禍，鄭經我不惜萬里跋涉，來到台灣這塊寶島之地，建立東寧王國，希望兩岸就此弭平兵燹，你擁你的大清國，我過我的東寧國，咱們一邊一國，永保太平。」

這是「東寧國號」首次出現在中國歷史文獻上，也是台灣史上第一篇獨立宣言。

從現存的荷蘭、英國、日本的文獻上判斷，東寧王國可說是名震東亞、聲名遠播；然而從有效統治區域來看，這個王國卻是小得可憐，大概只有今台南市西部以及嘉義縣與高雄市之沿海地區。

但是可別小看這迷你版的東寧國，這塊彈丸之地，足足與版圖面積千餘倍大之的東亞第一強國——大清帝國，武力抗衡長達二十餘年，其中還有餘力趁三藩之亂時出兵騷擾中國福建，搞得康熙皇帝放棄「一個中國」的原則，輕聲細語對鄭經說道：

台灣本非中國版圖，足下父子自辟荊榛，且眷懷勝國，未嘗如吳三桂之僭妄。本朝亦何惜海外彈丸，不聽田橫壯士逍遙其間乎？若能保境息兵，則從此不必登岸，不必剃髮，不必易衣冠，稱臣入貢可也，不稱臣不入貢亦可也。以台灣為箕子之朝鮮，為徐福之日本，於世無患，於人無爭，而沿海生靈永息塗炭，唯足下圖之。——〈平南將軍賚塔復與鄭經書〉，《台灣通史．建國紀》

大意說：「台灣本來就不是中國的版圖，你們鄭氏父子兩代經營，憑藉著就是對故國明朝的眷念之情，如此高貴的情操，絕不是那囂張狂妄的吳三桂之流可比擬的。我大清為何要吝惜這塊彈丸之地，不讓你們這些遺臣壯士徜徉其間呢？只要將軍您不要再來登岸騷擾，不必剃髮、不必易服，稱臣納貢也可以一併免去，將軍可永據台灣，而清廷也可以把台灣當成朝鮮、日本一樣的國家，如此一來，沿海生靈就可以免除兵禍，天下太平，不是很好嗎？」

一個小小的東寧台灣，居然可以讓康熙大方地承認「台灣不是中國的」，看在今天台灣人眼裡，簡直是不可思議、羨慕再三，原來台灣人也曾這麼霸氣過。

當時的台灣有機會成為與朝鮮、日本一樣獨立的國家，那現在也許就可以加入WHO，也可以重返聯合國，這麼優惠的條件，沒想到鄭經居然拒絕了，這個鄭經未免太不正經了。

有趣的是，雄才大略的康熙竟也拿這位不正經的鄭經沒辦法，唯一能做的，就是氣噗噗再次限縮陸客來台，實行更嚴格的海禁。

何以彈丸之地的東寧王國，願意放棄台灣獨立的大好條件，去對抗武力強大的

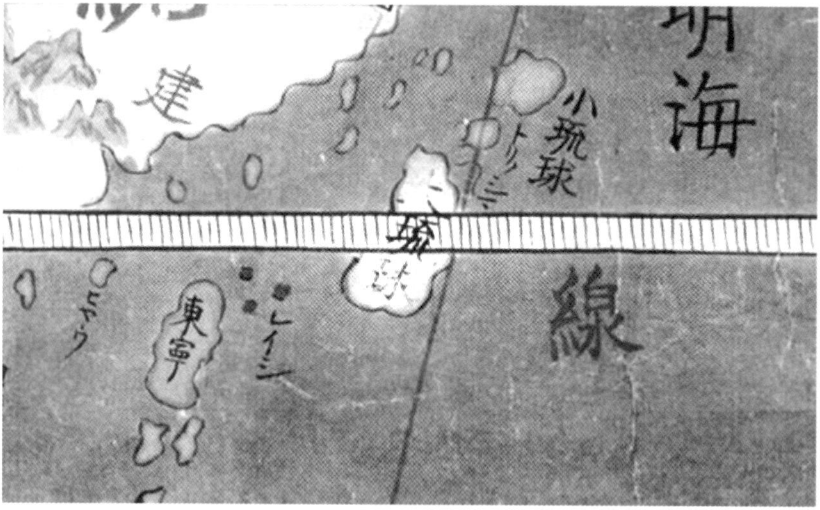

日本人新井白石1708年抄繪《坤輿萬國全圖》中的東寧國。（圖片來源：維基公領域）

霸權大清呢？這個不正經的祕密到底是什麼？嚴格來說，東寧王國不是一個固定的政權，而是擁有強大武裝力量的海上商旅，用白話文表達就是海盜。

這個海盜的故事，得從鄭經的爺爺——鄭芝龍，開始說起。

參、超級男男大公關

一、超強外語證照

馬可．波羅（Marco Polo）筆下世界第一流的大港口，宋元時期世界海洋商貿中心，鄭和下西洋的艦隊母港，這座曾經叱吒南方中國超過三百年的超級城市——福建泉州，在明朝海禁政策的嚴厲打擊下，一度氣息奄奄，瀕臨彌留，好在明穆宗隆慶元年（一五六七）重新開放海洋貿易，讓這座超級海港城市延續那殘喘的活力。

據學者統計，從一五六七年「隆慶開關」到一六四四年明朝滅亡為止，大明朝因海外貿易流入的白銀總數大約為三億三千萬兩，相當於當時全世界生產的白銀總量的三分之一，這為大明帝國積累了巨大的財富，也為張居正的經濟改革奠定了穩固基礎，更是提供日後明帝國在內憂外患中延長壽命的重要資本。

就在這巨大資本碰撞、風起雲湧的浪濤聲中，一位泉州小男孩，目擊了時代巨輪轉動的聲響，在他十七歲的年紀，勇敢地離開家鄉，投靠澳門經商的親戚。

數年之後，憑藉著泉州海洋的藍色基因，這位小男孩壟斷了從日本、馬尼拉、越南和暹羅等地的海洋貿易，往來船隻必須繳納行船費，掛上小男孩發予的旗號，才能平安順利地通行滄海大洋之間，簡直就是海洋國家的實力等級。

他就是日後驚擾西方文獻多年，讓荷蘭人聞風喪膽，明末第一海上霸主——鄭芝龍。

鄭芝龍的崛起除了有「隆慶開關」的海洋貿易背景外，他精準的判斷眼光以及天賦的語言能力亦是重要的關鍵。

由於澳門是葡萄牙人統治，想在這裡風生水起，葡萄牙語是基本的標配；而葡萄牙人信仰天主教，為了拉近與這群西方人的距離，鄭芝龍也受洗為天主教徒，還取了一個道地的教名「Nicholas Gaspard」。

此外鄭芝龍亦曾在日本居住，娶了日本妻子田川氏，會講日語應該不算是過分的推測；而鄭芝龍的女兒，甚至取了一個葡萄牙的名字「Ursola de Bargas」，最後還嫁給葡萄牙人。

一六四九年方濟會傳教士利安當（Antonio），在福建拜會鄭芝龍家族時，也在日記中記錄下這對中葡合璧的美麗佳偶。

然而要成為海賊王，只待在日本是不夠的。根據西方的文獻紀錄，不久之後鄭芝龍在大老闆李旦的授意下，離開了日本，前往澎湖為擔任荷蘭人的翻譯。

什麼？鄭芝龍居然還會荷蘭文？

沒錯，理論上擔任荷蘭人的翻譯確實要懂得荷蘭文，不過考量到當時亞洲海洋通用的語言是葡萄牙文，鄭芝龍很可能是以葡萄牙文與荷蘭人溝通。但是如果鄭芝龍講的是荷蘭文，那麼他不可思議的外語證照又將多一

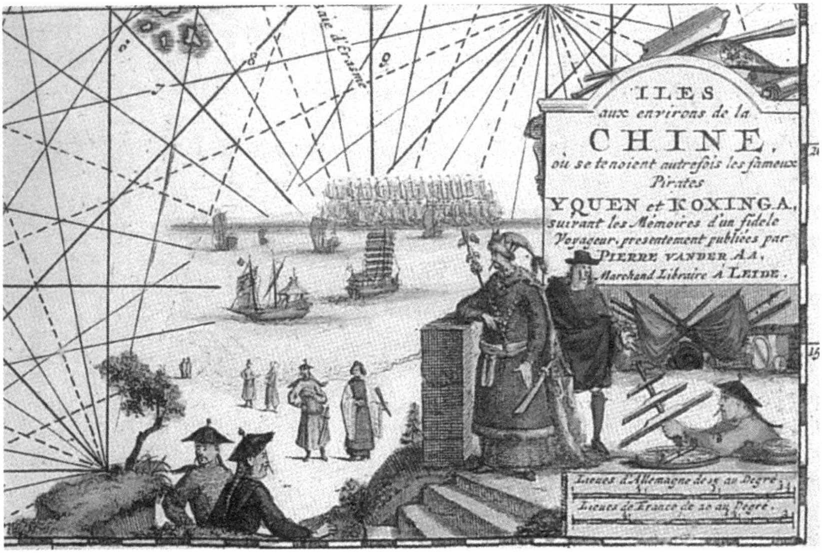

17世紀著名荷蘭畫師Pieter van der Aa，所繪鄭芝龍（右三持杖者）在海邊觀看遠方的艦隊，彷彿整個海域都是他所管轄的。（圖片來源：維基公領域）

張。

一位四百年前的中國福建人，熟悉多國語言、信奉天主教、娶日本妻子，再將女兒嫁給葡萄牙人，這在傳統中國保守的儒家信仰中，簡直是不倫不類；但是在風起雲湧的大航海時代，這樣不倫不類的大膽作風，卻幻化成不可思議的巨大能量，讓他在晚明多國複雜的海洋競賽中如魚得水、扶搖直上，創造出屬於自己的海洋王國。

二、高顏質的美麗型男海盜

在那多國貿易的大航海時代，與鄭芝龍般掌握多項語言的海洋人才肯定不會是少數，舉例來說，後來充當鄭成功與荷蘭人翻譯的何斌，就是世代以翻譯為業。但是為何只有鄭芝龍可以成為一方之霸呢？原來鄭芝龍還有一樣別人無法企及的天賦，那就是高顏質的俊俏外表。

看官們至此不免糊塗了！在海面上的拚搏絕對不亞於陸地上的爭鬥，刀口上舔血再加上波濤洶湧，有如強尼．戴普（Johnny Depp）電影中出現的海盜頭目，凶神惡煞搭配上幾劃嚇人刀疤，總是令人不寒而慄，又怎麼會是漂亮俊俏的帥哥呢？

原來靜謐的大海並不是表面所呈現的風平浪靜，哪怕你是呼風喚雨的海賊霸王，一場突如其來的海上風暴，隨時可以帶走任何人的性命。海洋，蔚藍深邃、美麗嫵媚，卻也充滿了無限的凶險：在這裡，沒有水滸英雄，更不見三國豪傑，只波濤洶湧中的死亡殺機，在一旁靜靜地窺伺。

在朝不保夕的高壓環境中，性宣洩成為紓壓的主要途徑，然而海面顛簸凶險，無法長期攜帶女眷，再加上女性較為柔弱，無法成為海上勞動力的固定來源，因此除了不定時登岸擄掠洩慾外，可以充當女眷、亦可為勞動力來源的俊俏男性，就成為海盜洩慾的最佳人選。

根據一份學者對海盜的犯罪統計，同一海盜群體中，同性性犯罪有兩百三十八起，而侵犯婦女則有三起；而從現今所存清代海盜投降名單中，大量男性亦具有有媽、姊、娘等等女性化的名字。由此可知以男性充當海盜洩慾的變童角色，在當時是相當普遍的現象。

因此當尚未發跡的鄭芝龍，在海盜大頭目李旦手下工作時，除了出色的語言能力讓鄭芝龍受到重用，漂亮的顏質也成為他得寵的必要條件。

明末私家史書《明季北略》，記載鄭芝龍「姣好色媚，愛之者非一商」，原來我們的海賊王可不是海盜電影中醜陋刀疤惡煞，而是帶有女性魅力的高顏質型男；重點是，這樣的型男在海商（海盜）世界裡可是搶手貨，就如同陸地妓院裡的花魁，想要得到鄭芝龍的芳心，還必須排隊掛號呢！

如果看官覺得《明季北略》寫得太保守，清人張遴白《難游錄》就寫得直接而露骨：

李習者（李旦），閩之巨商也，往來日本與夷狎，遂棄妻子娶於夷。芝龍少年姣好，以龍陽事之。

在解釋這段文字前，我們先看一段愛情故事。

《戰國策．魏策》中有段紀載：

魏王有一個男寵叫做龍陽君，有一天兩人一同乘船釣魚，龍陽君滿載釣了十幾條魚，卻在哭泣。魏王說：「你為何要哭泣呢？」

龍陽君回答說：「臣一開始釣到魚很高興；後來釣到更大的魚，就想要把以前釣到的小魚扔掉。今天大王您可以寵愛我，哪一天有對您獻上漂亮的美人，我就成了最初釣的小魚，也會被扔掉。臣怎能不哭泣呢？」

魏王說：「傻瓜！我不會把你當作魚丟掉。」於是下令全國：「敢向我提進納『美人』於宮的，誅族！」

上述的男男愛情故事，就是成語「龍陽之癖」的典故，指男性對於同性的愛好。

有了「龍陽之癖」作為依據，我再回到《難游錄》的文字：鄭芝龍同樣是「姣好」的美麗形容，差異在於，鄭芝龍「以龍陽事之」，就是把自己當作是男寵，獻給了大老闆李旦。

儘管上述鄭芝龍的「男寵紀錄」皆未被保守的官方正史所引用，不過鄭芝龍的高顏質，確實也遺傳到日後揚名四海的兒子鄭成功身上。

明末清初史書《閩海紀要》，記載鄭成功「豐儀秀整」，用現代的話就是「漂亮粉嫩的大帥哥」。當南明隆武帝召見他時，也被鄭成功的容貌迷得不要不要的，勉強壓

日本江戶時期著名畫師葛飾北齋所創作的鄭芝龍使用火砲畫像，可見鄭芝龍在幕府時期就已經是家喻戶曉的傳奇人物。（圖片來源：維基公領域）

抑自己的衝動，撫摸著鄭成功的肩膀，輕聲細語地對他說：

「惜朕無一女配卿，卿當盡忠吾家，無相忘也」！因賜姓朱，改名成功。自是，中外咸稱國姓云。

原來我們國姓爺的傳奇，就是來自一場與皇帝的美麗邂逅。

事實上，荷蘭土地測量師菲力普·梅（Philippus Daniel Meij），曾經近身觀察過鄭成功，在其《梅氏日記》中這樣形容：

他年約四十歲，皮膚略白，面貌端正，那對眼睛很少有靜止的時候，不斷到處閃視。

梅氏筆下的「皮膚略白，面貌端正」不正是《閩海紀要》中的「豐儀秀整」嗎？可知我們國姓爺鄭成功的好臉蛋，確實也是紅遍古今、名揚國際。

三、從海賊王到爛泥鰍

一六二四年，荷蘭人二度占領澎湖，明朝水師增派大軍圍堵，雙方大戰一觸即發，此時海商領袖李旦派遣鄭芝龍前往澎湖擔任荷蘭人翻譯，在李旦斡旋下，荷蘭人同意轉往台灣，鄭芝龍也跟隨荷蘭人的腳步，來到了台灣。

鄭芝龍接受荷蘭人的任務指派，劫擊由中國出發前往馬尼拉與西班牙人通商的船隻，我們海賊大王的基本功就是在這個時候練成的。

不過就在這一年，鄭芝龍在日本長崎平户島的故居發生了一件大事。七月十四日，日本妻子田川氏，獨自前往離家不遠的千里濱海灘撿拾貝殼，忽然陣痛臨盆，於是靠在一塊大石頭旁生下長子，取名為鄭福松。

這個男孩就是日後擾動大清東南半壁、擊敗海上霸權荷蘭、改變台灣命運的男人——鄭成功。

現今平户千里濱海灘上仍有一塊兒誕石，據說就是田川氏產下鄭成功之地。川內町的丸山公園內建有一座鄭成功廟，有田川氏和幼年鄭成功的塑像，每年鄭成功誕辰都會舉行「鄭成功祭」。

鄭成功六歲以前都是跟隨母親居住在平户，七歲才被父親接回福建安平鎮，接受中國式教育。因此安平也成為鄭成功第二個故鄉，後來鄭成功擊敗荷蘭人，把台南地區改名為安平，正是紀念自己的故鄉。

年幼的鄭成功，克服了語言的障礙，在他十四歲那年，成功地考取秀才。秀才是科舉制度中的第一關，不會太難考。

然而很多人考一輩子也考不上，譬如說，國文課本中的范進，就是考了二十餘年，終於在五十四歲時才考中秀才；而我們的小成功，以日本華僑的身分，十四歲就考取秀才，這是相當不容易的事。

這裡存在一個疑問，此時鄭芝龍已經發跡，成為雄霸東亞的超級海賊王，依照鄭芝龍的實力與財力，只要好好培養鄭成功成為海賊王接班人即可，幹嘛還要大費周章，切斷鄭成功與日文環境的聯繫，千里迢迢把他拉回福建，接受漢文教育？

原來早些年，崇禎元年（一六二八），鄭芝龍已經接受明朝政府的招安，任「五虎游擊將軍」。

儘管鄭芝龍在海上是「喊水會結凍」的蛟龍，但是蛟龍回到陸地上，也僅僅是一條爛泥鰍。尤其鄭芝龍出身卑微，甚至可能當過男寵，在與進士出身、高高在上的福建巡撫熊文燦的交涉談判時，內心肯定是五味雜陳。

「游擊將軍」是三品副官，軍階大概是現今的少校營長，統領兩百至六百人的兵營人數，為了增加威風感，特地鑲上「五虎」二字，成為「五虎游擊將軍」。然而擁有數萬從眾的堂堂海賊王，到了陸地，卻只能換得區區三品小副官，就算再換給我十隻老虎也是不夠看，那麼鄭芝龍為何要委屈地接受招安呢？

其實這是身為海賊王的悲哀。

人是站在平穩的陸地上靠鼻子呼吸，要不是在陸地上混不下去，誰沒事要到凶險的海面上顛簸地闖蕩？

與其每天在海面上被官兵圍剿，不如讓自己變成為官兵的一員，不但可以擁有本來的海上勢力，還可以謀得陸地上的一官半職，何樂而不為呢？一旦我掌握了陸上官場的遊戲規則，到時候換我來當巡撫也可以。

了解鄭芝龍這番心坎話，才能夠明白，為何他要千里迢迢把而兒子鄭成功拉來中國接受教育，原因在於希望鄭成功透過科舉的途徑，在陸地上獲得功名文憑，如果順利，再當個福建巡撫、封疆大吏，不僅死後有官方修訂的墓誌銘，光宗耀祖，遠遠勝過在顛簸海面上闖蕩的海賊老爸。

鄭芝龍決定接受招安，安排兒子接受科舉教育，不難看出鄭芝龍已經厭倦了海上凶險漂泊，這也可以理解為何日後鄭芝龍會不顧眾人的反對，堅持投降清朝的深層原因。

不過海上蛟龍回到了陸地，真的就只是一條爛泥鰍，最後鄭芝龍家族等十一口人，被清朝誘捕，斬首於北京柴市，也為海賊王精彩的一生，畫上令人唏噓震撼的驚嘆號。

許多人認為，如果鄭芝龍不投清朝，那麼他一定可以仿效荷蘭人的經營模式，建立一個超越民族國家的「華人版東印度公司」，成為當時世界上最大的海商集團。

然而歷史是沒有如果的。鄭芝龍的身心缺陷，注定讓他重回了黃土大陸的擁抱，最後也化身為塵泥，永遠訣別了藍色海洋。

這位不可一世的海上蛟龍，當他被綁赴北京準備斬首時，心裡到底在想什麼呢？他是否後悔當初降清的決定呢？

日本長崎鄭成功紀念館，正門匾額書寫「功蓋千秋」四字，左下方則為「鄭成功母子雕像」。（圖片來源：Photo AC 授權使用）

這一切的一切當然無法知曉，不過唯一可以肯定的是，鄭芝龍在斬首的那一刻，心中仍然帶有微笑，因為在東南半壁的海洋上，那位超級海洋國姓爺正蓄勢待發，準備給大清帝國迎面痛擊！

肆、霸氣國姓爺　超級富二代

崇禎十七年（一六四四）崇禎帝自縊的消息傳至南京金陵，南京諸臣擁護福王朱由崧繼統，是為弘光帝。不久後，清軍南下，弘光帝被殺，鄭芝龍、鄭鴻逵兄弟回到自己的老家福州，擁戴唐王朱聿鍵稱帝，改元「隆武」，是為隆武帝。

這位隆武帝，就是先前我們提及與鄭成功有段美麗邂逅的那位南明皇帝，儘管隆武帝浪漫邂了我們的國姓爺，但是這位隆武帝隔年隨即遭到清兵擄殺。

等等，福州不是海賊王鄭芝龍的勢力範圍嗎？為什麼這麼輕易就被清兵攻陷呢？原來投降清朝的明朝官員中，官職最高、名聲最大的就屬於兵部尚書洪承疇，他與鄭芝龍同屬於福建南安同鄉，透過這層同鄉口音的聯繫，洪承疇輕易地以「閩粵總督」的報酬，換得鄭芝龍的投降。有了鄭芝龍的窩裡反，清兵當然輕易地攻陷福州，擒殺了隆武帝。

儘管我們都明瞭鄭芝龍的身心缺陷，但是我們還是非常好奇，為何連繼承人鄭成功都堅決反對，鄭芝龍還要輕率地投降呢？

原來當初鄭芝龍接受明朝招安條件為「游擊將軍」，這僅是小小的三品副官。而洪承疇所提供的是「總督」的官職，這可是一品的大官，可說是武將中的最高等級，相當於當今省長的位階，再加上洪承疇的超值加碼，把閩粵（福建、廣東）兩省通通授予鄭芝龍管轄。

老子可是縱橫大海的海賊之王，區區兩省小省總督算什麼？

可別小看這個「閩粵總督」喔！

清朝有一個著名的職缺「兩廣總督」，負責統轄管理今日廣東、廣西至海南島的軍務、糧餉，地位相當於洪承疇所加碼的「閩粵總督」。「兩廣總督」是清朝地位最崇高的九位封疆大吏之一，享有財政、軍事、人事的最高指揮權，這是清代官職中的最高榮譽。

清末著名大臣張之洞、李鴻章，都曾幹過「兩廣總督」這個職缺。注意喔，這些封疆大吏個個都是進士出身，再通過殘酷的官場鬥爭，才能爬上人生的巔峰，光宗耀祖，名留青史。

然而，現在一位滄洋漂泊的賊王老大，只要投降，不費吹灰之力，就可以馬上洗白成為大清帝國的封疆大吏，名流史冊，這位出身卑微的鄭芝龍來說，根本就是無法抗拒的致命誘惑。於是乎，一代海上梟雄鄭芝龍，在同鄉口音的聲聲召喚中，輕易地踏入死亡陷阱的闇黑牢籠。

鄭芝龍被誘擒後，押往北京，清朝以此要脅握有重兵的鄭成功投降。大清的算盤是：這位海賊王之子鄭成功，兩年前還在南京的國子監深造，是一個不折不扣的文弱書生，既沒有海賊經驗，更談不上帶兵打仗，名義上僅是鄭芝龍的繼承人。老爸都這麼好騙，兒子應該也聰明不到哪去，只要恩威並施，馬上就會投降，只要他投降，那麼盤踞在東南沿海的反清勢力，自然就會土崩瓦解。

不過這群騎馬的民族，很快就會知道，他們通通都看走眼了。這位騎馬民族眼中的文弱書生，非但沒有投降，他還成功地整合父親的餘眾，在東南沿海聚攏了十多萬的兵力，展開了長達十餘年的抗清大業；一六五八年，鄭成功甚至動員大軍北伐南京，給予大清迎頭痛擊。

鄭成功抗清，是東亞近代史上的大事：一位毫無帶兵經驗的文弱書生，居然可以把北京城內那群豺狼虎豹搞得暈頭轉向，除了我們的國姓爺優秀的海賊基因外，很多人不禁要問，龐大的抗清經費從哪來？

若依照當時養兵的費用，每兵每年約費二十銀兩，鄭成功數十萬餘眾，每年需消耗兩百至四百萬兩白銀。我們以崇禎年間為了應付民亂而增兵十二萬兩為例，當時就耗費大明國庫三百三十萬兩，這個數字與我們估計的鄭成功軍費相差不遠。

然而重點是，鄭成功抗清之際，大明王朝早已滅亡，根據地福建亦遭清兵攻陷，換言之，根本沒有中央政府可以支應糧餉，但是鄭成功卻能維持抗清十餘年，花費軍費千萬兩以上，這可是國家等級的軍事消耗戰，難道他真的富可敵國，可以跟大清帝國無限纏鬥？

其實還真的是！鄭成功超級有錢，有錢到可以連續騷擾大清數十年，把這群遊牧民族搞得不要不要的。

那麼，鄭成功的錢從哪來？答案很簡單，鄭成功是個富二代，而且還是超級富二代。也就是說，鄭成功的父親鄭芝龍是富一代，靠著壟斷東南沿海的海上貿易，積攢了海量的財富，鄭成功繼承了這筆龐大的財產，成為超級富二代，才可以在十幾年間不斷維持他巨大的軍費開銷。

《明季北略》云：「（鄭芝龍）自就撫後，海船不得鄭氏令旗，不能往來。每一船，例入三千金。歲入千萬計。芝龍以此富敵國，自築城於安平海梢，直通臥內，可泊船，徑達海。其守城兵，自給餉，不取于官，旗幟鮮明，戈甲堅利。凡賊遁入海者，檄付芝龍，取之如寄。」

瞧瞧上述令人屏息的文字紀載，東南沿岸都是鄭芝龍的勢力範圍，出海的商船必須購買鄭氏的旗幟，才能確保平安無事，而占據台灣的荷蘭人也必須跟鄭芝龍合作才能夠取得中國絲綢、瓷器貨源，進而從事轉口貿易。加上鄭芝龍擁有自己的兵馬，自己發糧餉，不用透過官府，鄭氏集團就是那個時代的亞洲海上霸主。

原來在老爸的時代就已經是自費養兵，鄭成功只不過沿襲了這樣光榮的傳統，我們凡夫俗子見識不廣，當然會瞠目結舌。鄭成功不光是繼承父親的龐大事業，就連收稅這檔事，鄭成功也是經營得有聲有色。

延平郡王祠前方，鄭成功騎馬英姿石像，由泉州人所贈，重達200公噸。（圖片來源：Photo AC 授權）

鄭成功在日本長崎的胞弟田川七左衛門，負責打理鄭氏家族在日本的家業，在大田南畝的《蜀山人全集卷五》中記載著鄭成功寫信給他交代任務：

> 東洋船牌，應納餉銀：大者貳千、壹千兩；小者亦納餉銀伍百兩，俱有定例，週年一換……着汛守兵丁地方官盤驗，遇有無牌及舊牌之船貨，船沒官，船主舵工拏解。

鄭氏駐長崎的代理人具有發船牌及收取餉銀的權限。船隻大小所納餉銀不一；大船一千至二千兩，小船五百兩，且必須「週年一換」，否則便成舊牌。

船隻經過鄭氏據點時，必須接受鄭氏官兵的盤查，牌照不合者，船貨充公，船主舵工遭受拘留。換言之，所有在長崎的中國船必須領有鄭氏發給的船牌，並交納餉銀給鄭氏代理人，否則船隻斷難通過福建沿海。

特別注意喔！此時此刻，海王爺爺鄭芝龍已被大清拘捕，但是繼承人鄭成功的霸氣卻絲毫未減，只要滄海大洋所及之處，通通是我鄭氏家族的天下，那批在草原上奔走，攻無不克、戰無不勝的大清鐵蹄，面對鄭成功，真的只能望洋興嘆。

我們再看一個例子：一六五一年（永曆五年）四月十四日，荷蘭人發現了鄭成功派駐金門的首長洪旭派遣官船到台灣魍港（嘉義東石或在台南北門鄉）向漁民徵稅，荷蘭士兵馬上將鄭氏官船拘捕，帶回大員查詢。

各位看官您真的沒有看錯！此時台灣仍被荷蘭人占領，鄭成功人都還沒攻打台灣，就先派人到台灣向漁民收稅，試問古今中外，誰能夠比鄭成功霸氣？

或許有人會說，霸氣又如何？收稅的官船還是被荷蘭人拘留了，這下子可霸氣不起來了。先別下結論，讓我們繼續看下去。

荷蘭人強硬地向鄭成功寫了一封抗議信，要求鄭成功歸還自荷蘭人統治福爾摩沙以後他們不正當奪取的所有稅金，如果鄭成功不願配合，扣留的官船將不予釋放。

荷蘭人如此強硬，鄭成功也毫不客氣，他在回信中答道：向魍港漁民收稅，是延續自古以來的慣例，並非他創新之事。八年前（一六四三）父親就已經擁有這樣的權利，這是自己的權利，和荷蘭人毫不相干。

鄭成功並提及荷船「在南澳（Lamoya）擱淺時，他多麼善待他們，但是沒想到，荷蘭人為了這麼微小的金錢竟然要來撕破這友誼」。鄭成功嚴聲警告荷蘭人，如果荷蘭人還要繼續拘捕他的官船，他將下令禁止他屬下所有的商船來台灣通商，讓荷蘭人的貿易完全停頓。

原本只是想要恐嚇一下鄭成功，沒想到國姓爺竟然不是吃素的，反過頭來威脅切斷荷蘭人賴以為生的貿易線，這下紅毛人可嚇著，為了避免與鄭成功的正面衝突，荷蘭人決定釋放鄭成功的船隻，同時他們也不再要求鄭成功退回稅金。

堂堂的荷蘭東印度公司，面對鄭成功的侵門踏戶，居然只能像一隻紙老虎，吼叫了幾聲後，就乖乖成為一隻小貓咪，果真是「滄海大洋所及之處，通通是我鄭氏家族的天下」，國姓爺的霸氣，真的不是喊假的。

如果說徵稅是一項主權象徵的話，那麼鄭成功的主權範圍早已跨越台灣海峽，直抵荷蘭人的勢力所轄，這樣的霸氣與無畏，是兩千年來華夏歷史中絕無僅有，這是海洋帝國主義的濫觴，更是藍色嚮往突破黃土思維後的激情展現。

伍、國姓爺　遠征菲律賓

一、海洋的規畫

一六五九年（順治十六年），鄭成功率領大軍北伐，以其水軍的優勢，順江而入，深入中國腹地，一度包圍南京，大清震動。可惜戰線太長，補給困難，再加上陸戰並不是國姓爺的擅長，在清兵增援之下，鄭成功久攻不克，只好全軍退回廈門。

南京之戰可說是鄭成功生涯當中最輝煌的戰役，可惜卻是先盛後衰，大敗收場，再加上清朝實施更嚴格激烈的海禁，將山東至廣東沿海卄里居民悉數遷回內地，全面斷絕鄭成功在沿海地區的糧稅供給，鄭成功的反清大業受到重大挫折。

為了能夠進一步獲得長期穩定的糧食供應，鄭成功聽取曾經在台擔任荷蘭人翻譯員的何斌建議，出兵攻打台灣，趕走荷蘭人，建立台灣第一個漢人政權。有了台灣作為根據地，國姓爺的海洋霸氣又再度翻攪、激騰起陣陣巨濤，這次的對象目標，瞄準了距離台灣南方四百公里的菲律賓呂宋島。

鄭成功任命在廈門傳教的天主教道明會神父利勝（Victorio Ricci）為使節，出使菲律賓，向西班牙菲律賓總督薩比尼安諾．曼里圭（Sabiniano Manrique）遞交了「鄭成功諭菲律賓總督函」，信中國姓爺威脅西班牙菲律賓總督，必須向台灣稱臣納貢，否則將率領精兵數萬、戰艦數千艘，率兵征討，讓西班牙人的下場和台灣的荷蘭人一樣，永遠退出菲律賓。

一六六二年五月十日，國姓爺的霸氣隨著神父利勝攜帶的信函，漂洋過海登抵馬尼拉，西班牙人聞訊，大為驚恐，一方面虛以委蛇，一方面積極備戰，爭取時間在鄭成功來襲前，將外地的兵力調回防衛。

而在台灣的鄭成功，一直等不到馬尼拉的正式回應，正準備調集軍隊，出兵馬尼拉，好好教訓一下這群不聽話的西洋番。

只可惜，命運之神對他開了一個天大的玩笑——鄭成功還沒有出兵，他就出殯了。

二、離奇的性醜聞

一下子要出兵，一下子變出殯，這是怎麼一回事？

原來明末有一位忠臣唐顯悅，追隨鄭成功抗清，還將孫女唐妃嫁予鄭成功嫡長子——鄭經。一方面表示效忠，一方面也希望在鄭成功百年之後，鄭經可以繼承爵位，那麼他的孫女就可以成為王后。

鄭成功東征台灣時，鄭經留守大後方廈門，加強兵力，防止大清來襲。只是沒想到，這位鄭經也太不正經了，居然與自己幼弟的乳娘陳昭娘暗結珠胎，產下一子鄭克壓。

鄭經偏愛野花的行為，讓正房唐妃遭到冷落，打亂了唐顯悅的皇后計畫；唐顯悅心有未甘，於是上書鄭成功，揭發鄭經荒誕的行徑。

古代男人有個三妻四妾是很正常的事，鄭成功自身即就擁有八名姬妾；而鄭經貴為延平郡王之子，納個乳娘為小妾，根本算不上什麼過分的事。

但是壞就壞在長年國仇家恨的積鬱下，鄭成功患有嚴重的躁鬱症。

早些年，鄭成功舊部施琅，斬殺了自己的親信曾德，鄭成功盛怒之下，將包括施琅父親、弟弟在內的一家族人通通處斬，逼得施琅只能變節投降清朝，成為日後大清攻台的主力成員。

而這一次則是老臣聲淚俱下的控訴中，鄭經的納妾遊戲，被渲染成為大逆不道的亂倫醜聞，鄭成功理智斷片，居然下令處死鄭經，同時連坐乳母陳氏、孫子鄭克臧與鄭經的生母董王妃。

正所謂「虎毒不食子」，為了一樁性醜聞，就要動手殺害包括親生兒子、生母等一干人，鄭成功的精神患疾顯然相當嚴重。然而令人意外的是，鄭成功的命令傳到了廈門，居然沒有被執行，除了是內容太過嚴厲、不近人情；最主要的原因在於，留守廈門的軍隊，多是鄭經的部下，鄭經若是被處死，自己也即將被邊緣化，而獲利的則是駐紮在台的那些將領。

就在複雜的利益糾葛下，駐守廈門的將領選擇抗命，僅處死替罪羔羊陳昭娘。

廈門駐軍抗命的消息再傳回了台灣：抗清的失利、鄭經的荒誕，再加上諸將的反叛，巨大的情緒躁鬱徹底擊垮了鄭成功，不久，國姓爺就帶著無盡的憾恨黯然離世。

鏡頭再拉回菲律賓：馬尼拉當局的拖延策略，在兩個月後，菲律賓總督才擬妥致國姓爺的回函，同樣由神父利勝帶回廈門。

菲律賓總督的信，委婉地拒絕國姓爺的請求，馬尼拉當局重申：如果沒有來自西班牙帝國美洲的白銀及菲律賓的糧食，鄭成功便無法支撐其軍事上的花費，雙方之間應是互利共存而非競爭敵對。

而在台灣的鄭經剛從一場血腥的鬥爭中取得大權，確實也無暇與馬尼拉開戰，於是鄭經再任命傳教士利勝前往馬尼拉商訂和平協定，歷經八個多月的軍事恐慌後，馬尼拉的居民總算鬆了一口氣。

一場足以撼動東亞歷史版圖的超級大戰，就在國姓爺薨逝、鄭經登基後，悄然畫下句點。

然而馬尼拉安全了嗎？倒也未必。

身為國姓爺之子，血液中流淌的海洋霸氣波濤，在十年間的休養生息後，再度湧現在變化詭譎的巴士海峽。

康熙十一年（一六六三）壬子《台灣外記》：

正月，統領顏望忠、楊祥會啟奏鄭

在性醜聞中驚險上位的鄭經，此為清人所繪鄭經畫像。（圖片來源：維基公領域）

經：「願領兵船徵呂宋（菲律賓），以廣地方。」

呂宋島面積是台灣的八倍大，亦是東亞貿易的絕佳據點，再加上當地華人屢遭西班牙人屠殺，出兵呂宋確實符合明鄭台灣的政治利益。

我們不清楚鄭經為何最終沒有出兵，但是隔年爆發的三藩之亂，確實又是一場關鍵的歷史命運交會點。

陸、黃土大地的召喚

由於清朝初期的統治力量尚不足以直接控制南方各省，因此採取「以漢制漢」之模式，冊封三位協助清兵入關有功的漢人，協助鎮守南方各省。

一六三七年（康熙十二年）平西王吳三桂率先起兵造反，鎮守福建的靖南王耿精忠響應起事，一時間聲勢浩大，清廷震動，頗有易鼎之勢。

福建與台灣僅有一海之隔，靖南王耿精忠力邀身在台灣的鄭經由海道攻克沿海城市作為聲援。

要出兵馬尼拉奪取南向的海洋據點？還是回歸平穩大地，再次逐鹿中原？

一個是藍色海洋的霸氣波濤，一個是黃土大地的柔情呼喚。然而黃泥散發的幽香芬芳似乎遠勝藍海的顛簸濕鹹，鄭經再次陷入了祖父鄭芝龍的詛咒輪迴，他最後選擇了出兵中原，放棄了海洋馬尼拉。

這是台灣再一次失去與海洋的交匯，下一次的藍色驚奇必須等到日本人統治時的南洋政策，只不過，這一等就是三百年。

三藩之亂歷經整整八年之久，看似聲勢浩大，但是諸王之間各懷鬼胎、彼此征討，在康熙皇帝靈活用兵之下，最後以失敗收場。原本風光一時的鄭經王國也損兵折將，最後只能選擇再次退回了台灣。

還記得那椿讓鄭成功殞命的性醜聞嗎？

性醜聞中誕生了一位少主鄭克壓，鄭克壓辦事英明果決，頗有祖王鄭成功之風，因此身受父王鄭經重用寵愛。

鄭經出兵三藩之亂時，命令鄭克壓留守後方，並立其為世子，接班人態勢顯然成形。

然而鄭氏家族似乎受到了詛咒，鄭經退回台灣之後，不久即告薨逝，十多年前的宮廷政變再次重演。

權臣洪錫範殺害即位不及三日的少主鄭克壓，改立其女婿，即鄭經次子鄭克塽繼承王位。

如果鄭經可以像康熙皇帝一樣多活個三十年；如果有祖父風範的鄭克壓可以順利即位；那麼重整軍備，生息休養，再次出兵馬尼拉也絕非不可能之事。

然而歷史總是沒有如果，第四代幼主鄭克塽在十二歲時懵懂即位，那位當初與爺爺鄭成功誓不共戴天的施琅叔叔，正率領清軍渡海攻台。

東寧王國末代少主鄭克塽12歲畫像。（圖片來源：維基公領域）

一六八三年洪錫範率領小少主鄭克塽向大清帝國投降，曾經叱吒東亞海域的鄭氏王朝，正式畫下噓唏的句號。

鄭克塽投降了，那麼我們的故事結束了嗎？

柒、神祕的鄭氏家族

一八七三年三月，剛完成國家統一的日本明治政府，任命外務大臣副島種臣為全權特使，前往北京與大清國交涉「宮古島民在台灣牡丹遇害事件」。擔任副島種臣的中文翻譯官——外務少丞鄭永寧，質問清朝總理衙門為何不懲辦台番，清朝官員回答：「生番係我化外之民，問罪與否，聽憑貴國辦理。」於是日本便以台灣牡丹乃「無主番界」為由，出兵台灣，發動「牡丹社事件」。

由於鄭永寧在日清外交攻防中出色的表現，讓鄭氏家族持續受到明治政府的重用。二子鄭永昌和三子鄭永邦先後擔任中日外交的翻譯工作：鄭永昌兩度出任駐天津領事；甲午戰爭後訂立《馬關條約》時，鄭永邦則任伊藤博文的翻譯，參與台灣割讓日本的簽約事宜。

為什麼鄭氏翻譯家族會在明治時期躍上歷史舞台呢？

原來鄭氏家族乃是中國福建移民，世居日本長崎，祖上以明遺臣自居，堅持使用先祖鄭姓，長期擔任幕府將軍對清朝的翻譯事務。明治維新後，日本開始侵略中國，需要熟稔漢文的翻譯人才，於是鄭氏家族開始嶄露頭角。

長崎、鄭姓、明遺臣、福建移民等等，這幾個關鍵詞，是不是讓你聯想到什麼？沒錯，兩百多年前，鄭芝龍的日籍太太田川氏，在長崎平户港，生下一子，他乳名叫鄭森；另外兩個轟動東亞的稱呼，一個是「鄭成功」，一個則是「國姓爺」。

當鄭森被帶回中國福建，接受中國科考教育時，他還有一個弟弟被留在日本，繼承了田川這個姓氏。明朝滅亡後，田川家族的後代持續繁衍，仍然保留鄭姓，實行漢文教育，最後再參與近代台灣的命運發展。

鄭芝龍在台灣當任荷蘭人翻譯；鄭成功率軍攻打荷蘭台灣；鄭克塽在台灣投降清朝；兩百年後，鄭成功弟弟的田川家族，再協助日本人，參與台灣割讓。究竟是歷史的巧合，還是造化的安排，讓鄭氏家族與台灣的命運緊緊地扣合在一起？

留在日本的鄭氏家族成為日本的外交翻譯官，那麼投降大清的鄭克爽家族又去了哪裡呢？

投降的鄭克塽家族被遣送到北京就近看管，康熙皇帝把他們編入了漢軍八旗，經過了百年的繁衍傳承遞嬗。鄭家子孫深受滿洲文化的影響，開始閱讀滿文的儒家經典，當上八旗的高官。

和留在日本的鄭氏家族不同，翻譯外交官需要大名鼎鼎的鄭氏家姓來證明自己的文化血統；然而對於已經滿人化的鄭氏家族來說，幾百年前的藍色印記，在大清這片黃土大地上根本用不著，於是他們選擇了遺忘先祖的姓氏，掛著滿人的姓，號著滿人的名。

鏡頭來到一九三三年中國山東，一戶滿族家庭誕生了一位小男孩。

小男孩家族前幾代都是在河北定居，一直到祖父輩還是使用滿姓。但是辛亥革命爆發後，滿族人成為漢人仇殺的對象，為了保護家人，父親毅然決然地恢復「鄭氏」漢姓，沒錯，他們是當年投降大清皇朝的少主鄭克塽後代。

父親憑藉著祖父輩積累下來的人脈資源，一路飛黃，當上了國民黨將軍。隨著國共內戰爆發，小男孩隨著父親「達達的馬蹄」，來到千里之外的藍色寶島。

這裡是黃土祖國的遙遠邊疆，偉大的領袖正呼喊著，「一年準備、二年反攻、三年掃蕩、五年成功」，小男孩在此長大。

然而當這些聲聲壯語通通淪為虛幻的口號時，「一切都老了，一切都抹上風沙的銹」，那「等在季節裡的容顏」，也只能無奈的「如蓮花般開落」。

不過藍色的海風似乎喚起了小男孩沉睡的豪情記憶，流落在遙遠邊疆卻有股莫名的熟悉：這是「百年前英雄繫馬的地方、壯士磨劍的地方」，原來小男孩是國姓爺的後代，「出走原來是歸來」，這裡才是他的故鄉。

你這道這位小男孩是誰嗎？他就是我們國文課本裡鼎鼎大名的鄭愁予。

原來不管是留在日本的田川家族，還是被圈禁在中國北方的少主後代，只要是鄭氏血脈，都繞不過台灣的呼喚。

捌、開台神社

康熙收台後，為了徹底剷除明鄭在台灣的勢力，命鄭克塽將鄭成功、鄭經靈柩從台南遷葬至福建南安，不過為了避免打壓力道過大造成民眾反彈，康熙特題撰挽聯：

> 四鎮多貳心，兩島屯師，敢向東南爭半壁；諸王無寸土，一隅抗志，方知海外有孤忠。

康熙將鄭成功定位為孤臣，與推崇抗清殉國的史可法用意是相同的：即大力渲染忠貞報國的英雄形象，用以淡化其抗清的反逆色彩，同時鼓舞人民效法其忠貞節義，效忠清朝。

然而由於台灣孤懸海外，朝廷控制力道不足，鄭成功的孤臣形象並沒有發揮如同史可法般的教化力量，反而是不斷有人假借鄭成功的名義進行造反，清廷不勝其擾。

到了乾隆朝，鄭成功乾脆被編入具有反逆性質的官方史書《貳臣傳》、《逆臣傳》之中，成為朝廷正式認證的「反賊角色」，於是原本在台灣民間流傳的鄭成功祭祀活動，通通遭到嚴格的取締查禁。

儘管鄭成功的祭祀在台廢弛，但是在原先廢棄的台南鄭成功祠廟附近卻有一間「開山王廟」，主神稱「開山王」，祭祀某位先人對台灣的開發貢獻，先人的姓名由來不詳，民間盛傳「開山王」即是鄭成功，藉此躲避朝廷的查緝。

一八七四年日軍侵犯南台灣，「牡丹社事件」爆發，清廷開始重視台灣的戰略意義，為了激勵台灣百姓忠君愛國的精神，欽差大臣沈葆楨注意到了「開山王廟」的民情價值，於是上奏朝廷為鄭成功平反。

光緒元年朝廷准奏，將開山

1915年前之開山神社社殿（延平郡王祠原貌）掛有匾額「力挽迴瀾」。（圖片來源：維基公領域）

王廟改建為延平郡王祠，逆賊鄭成功再度成為文化英雄，接受清政府高規格的官方祭祀。

甲午戰爭後，日本占有台灣，這座由清政府主導的延平郡王祭祀本應廢止，但是，奇蹟出現了。一八九七年台南縣知事磯貝靜藏居然上報明治政府，將延平郡王祠更名為「開山神社」，依舊延續祭祀鄭成功的傳統。

開山神社不僅是全台第一座神社，也是唯一一座由台灣本地廟宇改為神社者。是的，各位看官沒有看錯，東洋日本人統治台灣，居然繼續推崇鄭成功，並將其納入國家祭祀體系，這究竟是怎麼回事？

早在鄭成功死後四十年間，日本就有大量有關鄭成功的小說、戲劇問世，為什麼日本人對鄭成功有如此好感呢？原來當時幕府的鎖國，讓內地日本人對海外非常好奇；而歐美的通商壓力，更讓日本「國家意識」頓時高漲，因此具有日本血統的鄭成功，縱橫馳騁藍色大海，奮勇抵抗大清王朝，自然填補了大和民族的情感想像，最終脫穎而出，成為膾炙人口的最佳男主角。

因此當知事磯貝靜藏佇立在延平郡王祠面前，那位在日本文學戲劇中：身著和服、手拿武士刀，武勇善戰、忠貞不二的偉大鄭成功形象自然浮現眼簾，對如此讓日本人充滿親切好感的鄭成功祠堂，磯貝靜藏當然捨不得毀棄。

不過磯貝靜藏也嗅出延平郡王祠的政治密碼，在維持國姓爺的祭祀信仰下，他將延平郡王祠改建為日式風格的「開山神社」，強調鄭成功的母親為日本人田川氏、鄭成功的忠烈緣由於日本武士道精神的「血統」；試圖淡化台灣人對於「鄭成功信仰」之民族性與宗教性，再將其轉化為日本情感的文化認同，藉以消弭台灣人抗日之舉動，拉近台灣人與日本人的距離。

昭和年間所印製「開山神社」官印。（圖片來源：維基公領域）

玖、反共復國

一九四五年八月十五日，日本宣告戰敗投降。盟軍最高統帥麥克阿瑟（Douglas MacArthur）命令在台日軍必須向代表同盟國的蔣中正將軍投降，十月二十五日國民黨軍隊接收台灣。

四年後國民黨在中國的內戰中潰敗，南京國民政府大舉撤退來台，為了清除日本統治的印記，國民黨大肆拆除日本時期的神社寺廟，不過這座標榜日本血統的「開山神社」卻又奇蹟似地保留了下來。

原來鄭成功以台灣為根據地的「反清復明」，恰恰符合國民黨撤守台灣「反共復國」的政治宣傳。

鄭成功奉明朝為正朔，「鎮守孤島」、「一隅抗志」、「敢向東南爭半壁」，不正是當時退守台灣的國民黨，同樣奉持「中華民國正朔」，勇敢地「一隅抗志」、「敢向共黨爭半壁」的悲壯寫照嗎？

就如同磯貝靜藏靜靜地佇立在延平郡王祠前，國民黨同樣凝視著國姓爺的如炬目光；彼此都沉浸在自身的情感依託，彼此也都明瞭了延平郡王祠的政治密碼。

於是在蔣介石的指示之下，「開山神社」再度改名回「延平郡王祠」，並撥鉅款大規模整修：將該祠廟從原本的福州建築形式改建為鋼筋水泥造的中國北方式建築，並大器鋪上中國宮殿形式的琉璃瓦，以雄偉故國的格局建物，鼓勵民眾必須效忠黨國，不可變節投降；同時必須如同國姓爺般，胸懷大陸、恢復中原，最終完美接棒至國民黨「反攻大陸」之政治口號。

至此，鄭成功在台灣歷史上的地位來到了最高點，幾乎等同於國民黨反攻復國的神主牌，然而激情過度的大規模改建，卻讓「延平郡王祠」失去了舊有的格局，導致日後無法被列為古蹟，這也是當初始料未及的。

拾、持續驚豔

政黨輪替後，鄭成功失去了反共復國的神聖光環加持，民選政府於二〇一七、二〇一八年停止祭祀鄭成功，此舉引來世界鄭氏宗親總會的嚴正抗議。

有趣的是，經過民間宗教人士的串聯，第一屆國際玉皇文化節活動，於二〇一九年盛大舉行，並推舉鄭成功接任「玉皇大帝」；同時在嘉義的鄭成功園區，也有盛大的登基大典，鄭氏宗親總會宣布號召兩萬五千信眾共同慶賀。

此舉驚動民選政府，隨即於二〇一九年四月二十九日，在台南的延平郡王祠，火速由內政部長親自主持恢復已經停辦兩年的鄭成功中樞祭典。

鄭成功的魅力居然可以與時俱進。

在民主時代，鄭成功擁有的選票實力，連執政者都不敢小覷，看來鄭成功的偉大傳奇，歷經了三百年，依舊會持續驚豔下去。

參考文獻

張先清，〈西班牙天主教文獻中的鄭成功家族故事〉，「中國人民大學清史研究所」網站。

菲力普・梅（Philippus Daniel Meij）著：江樹生譯，《梅氏日記》，英文漢聲出版社，二〇〇三年三月三十日。

江樹生譯註，《熱蘭遮城日誌》，台南市政府出版，二〇一一年。

李毓中，〈國姓爺與菲律賓總督的「戰爭」〉，「原住民文獻」網站，二〇一二年十二月。

鄭永常，〈鄭成功海洋性格研究〉，《成大歷史學報》，二〇〇八年六月。

藍弘嶽，〈你的忠臣也是我的英雄：鄭成功、江户文藝與日本帝國的台灣統治〉，《思想》，四十一期，二〇二〇年十一月。

高致華，〈鄭成功信仰在台灣：異文化之各自表述〉，《東吳外語學報》，二十二期，二〇〇六年三月。

盧正恒，〈鄭克塽投降之後，鄭家人到哪裡去了？〉，「故事」網站，二〇一六年十月三日。

四月瘋媽祖，十二月瘋聖母：台灣唯一聖母繞境，百年萬金天主堂

壹、緣起

台灣每年農曆三月（國曆四月）的宗教大事「瘋媽祖」——各地媽祖宮廟迎來一系列熱鬧的慶典嘉年華，其中最為人矚目的，當屬媽祖神像，搭乘信徒精心準備的「人力小超跑」，在萬人的簇擁下，進行跨縣市的遶境祈福活動。

鏡頭來到屏東萬巒，寧靜的小鎮上，一座西班牙古堡式的古風教堂矗立田野之中，東邊的大武山宛如巨人側躺，與教堂協力守護著這古樸的村莊。當冬陽灑下，驅走了夏日的燥熱，田園收穫的乾草氣息恰似宣告重要日子的來臨——「十二月瘋聖母」。

十二月八日，萬名教友湧進萬金村，寧靜的小鎮頓時萬人空巷。三百公斤重的聖母轎從萬金教堂緩緩駛出，由五十名教友輪流扛台，遶境赤山、萬金村十多公里，沿途鞭炮聲不絕於耳，熱鬧程度不亞於台灣「三月瘋媽祖」。二〇一八年更破天荒地與臨近的道教宗天宮合辦「當東方聖母遇見西方聖母：讓愛起飛」活動，印證台灣社會的多元與包容。

萬金教堂建於一八七〇年，為現今台灣最古老的教堂，門楣上還嵌有同治皇帝頒發「奉旨」二字，共同見證教堂的百年榮華。

是什麼樣的歷史機緣，讓西方傳教士願意踏上風熱病橫行的台灣，再深入屏東鄉間，建築這座別具特色的教堂？又是什麼樣的苦心經營，讓這座教堂熬過戰火的摧殘以及本土居民的敵意，最後再形成全台唯一的天主教聚落，甚至媲美「三月瘋媽祖」？

貳、新教、天主教百年競技

萬金教堂的故事，要從歐洲大陸的宗教改革說起。

一五一七年馬丁．路德（Martin Luther）發表《九十五條論綱》（*Ninety-five Theses*），拉開了歐洲大陸宗教改革的壯闊序幕；經過多年的征戰，基督教逐漸分裂為兩大陣營：以羅馬教廷為首的傳統「天主教」，以及以聖經為唯一信仰權威的「新教」。

時值歐洲八十年戰爭（一五六八—一六四八），屬於新教的荷蘭正要從信仰天主教的宗主國西班牙中脫離出來；而葡萄牙同為西班牙的王朝聯盟，在經濟競爭上亦為荷蘭的敵人，隨著地理大發現的拓展，於是「荷」、「葡」雙方便將戰線拉到亞洲。

一六一九年荷蘭占領印尼，建立港口城市巴達維亞（Batavia），一六二二年決定入侵葡萄牙占領的澳門，結果卻出乎意料地失敗。

荷蘭人退據澎湖後，在明朝將領的干預與暗示下，一六二四年轉往台灣建立起熱蘭遮城（Zeelandia），正式將台灣帶入世界史的潮流中。

有了台灣為根據地，荷蘭再次瞄準已被葡萄牙人壟斷的日本貿易。鑒於澳門軍事行動的慘敗，荷蘭人改變策略，積極向幕府展現宗教改革後，新教的「軟實力」。

荷蘭人信奉的新教（喀爾文教派）強調勞動獲利的重要性，荷蘭承認尊重幕府的法律體系和文化傳統；相較於葡萄牙人所堅持的天主教傳統，荷蘭人的商業模式明顯對幕府社會造成較少破壞力。因此對幕府來說，看重賺錢謀利的荷蘭人遠比處處傳道的葡萄牙人來得安全。

於是在幕府的支持下，一六四一年荷蘭正式接替葡萄牙人成為江户唯一歐洲出口商，也算是雪恥了二十年前澳門戰役的慘敗仇恨。幕府時期所謂的「蘭學」，就是藉由荷蘭人壟斷日本貿易下所傳遞的歐洲西學。

講了這麼多，究竟與我們的主題「萬金教堂」有什麼關係呢？

原來台灣也正是天主教與新教的競技場所，明白了上半場幕府擂台的勝負模式，那麼對於下半場由「天主教西班牙」接手的台灣賽事就會有較清楚的輪廓。

當新教荷蘭人於一六二四年攻據台灣台南之後，駐紮於馬尼拉的天主教西班牙人不甘示弱，也準備北上登陸台灣，與荷蘭人一決高下。

經過兩年的籌備，一六二六年五月，由提督卡黎尼奧（Antonio Carreno de Valdes）

率領戰艦十二艘，沿台灣東海岸北上，在台灣東北的三貂角登陸，並以故鄉地名「聖地牙哥」（Santiago）命名。

現今新北市貢寮風景區「三貂角」，台語「三貂仔角」，即西班牙語「聖地牙哥」之音譯。

由於三貂角地勢開闊，遮蔽不易，不利建城，艦隊再次沿著海岸線行駛，於翌日，發現一深水港灣，將之命名為San Salvador（聖薩爾瓦多／聖救主之意），即為今日之基隆港。

西班牙船隊由此入港，並以港口旁的社寮島（今和平島）為根據地，開始大規模修築San Salvador城

1622年荷蘭入侵葡萄牙占領的澳門，以失敗收場。（圖片來源：維基公領域）

（聖薩爾瓦多城）。

這座雄偉的城堡，位於雞籠港灣的出入口，可控制船隻的進出，地理位置十分重要，是當時東南亞最大的歐洲城堡，也是西班牙帝國最遠的殖民地。

以軍事力量站穩基隆後，西班牙人展現了傳統天主教的熱情與韌性，開始大量修築天主堂，積極向在地的原住民傳教，其中最大規模者，為基隆和平島「諸聖教堂」。

可惜好景不常，馬尼拉西班牙當局為了開闢菲律賓領地，逐步縮小台灣北部的守備，荷蘭聞訊後，於一六四二年攻擊雞籠，輕鬆打敗西班牙，自此台灣北部統歸荷蘭人

西班牙在基隆和平島所修築San Salvador城（聖薩爾瓦多城）復原模型。（圖片來源：維基公領域）

所占據。

根據荷蘭史料紀載，荷蘭人擊敗西班牙在台勢力後，曾將四百多名西班牙俘虜囚禁在教堂內。而當西班牙人敗走台灣後，諸聖教堂便成為荷蘭人軍隊的駐所。

緊接著一六六二年鄭成功擊退台灣荷蘭人，建立第一個漢人政權，這也意味著天主教、基督教在台的競逐紛擾正式畫上句點；其後清朝將台灣收為版圖，實施海禁，代表西方勢力的基督宗教，也只能漸漸消聲匿跡。

基督宗教退出了台灣，而那規模雄偉的諸聖教堂呢？很遺憾，它不僅消失在地平面上，翻遍了中西史料，也找不到蹤跡。

參、天主教重返台灣

兩百年後，亞洲局勢逆轉，原本被大清帝國驅逐的西方人，挾著船堅砲利，聲勢浩大地前來轟開了大清朝的國門，同時也再次驅動蟄伏兩百餘年的台灣基督教信仰。

依照《南京條約》，英、美、法三國可在中國傳布基督教。

一八五八年（咸豐八年）《天津條約》訂定後，台灣安平、淡水、基隆、高雄各港先後開放通商，羅馬教廷隨即命令道明會總會長派遣馬尼拉的道明會士前來台灣布教，距離上次傳教，已是兩百一十七年前的陳年往事，教會的歷史記錄，用極其有力的筆觸寫下，這是我們的「重返台灣」。

值得注意的是，《天津條約》規定可至大中國地區傳教的國家僅有英、美、法、俄四國，西班牙要到六年後（一八六四）才與清廷簽訂台灣通商專約，但是羅馬教廷卻早在一八五八年《天津條約》簽訂之際，隨即派遣西班牙殖民屬地菲律賓派遣傳教士前往台灣傳教，不難看出教會等待超過兩百年的重返急切。

《天津條約》簽訂素描繪製圖，《天津條約》的簽訂促使台灣開港，同時也讓中斷兩百年的天主教，重返台灣。（圖片來源：維基公領域）

由於菲律賓地區居住許多福建移民，為了向華人傳教，部分天主教傳教士通曉閩南語，因此同為閩南語區的台灣，自然就是教會極欲經營的版圖。於是兩位由馬尼拉出發的西班牙神父郭德剛（Fernando Sainz）及杜拉（Jose Dutras），風塵僕僕來到了廈門，稍做休憩後，再前往台灣傳教。

儘管有著堅毅、熱情的優良傳統，但是兩百年後的府城台灣，已經不是當年武力單薄的平埔族民；等待傳教士的，是那具有國家力量的迂腐官員以及久經械鬥洗禮的兇狠刁民。

在中美《天津條約》規定：「耶穌聖教，又名天主教，原為勸人為善，凡欲人施諸己者，亦如是施於人，嗣後所有安分傳教之人，當一體矜恤保護，不可欺侮凌虐，凡有遵照教歸安分傳習者，他人毋得騷擾。」

郭神父等人並不是美國人，但是其所傳乃是天主教，理當為條約中「一體矜恤保護」之人。不過天高皇帝遠，府城的清朝官員顯然不理會這樣的規定。

傳教士們於一八六〇年五月底達高雄打狗港，同行還有三名中國籍的福建傳道員，以及若干教友，這批人到達後即遭到不友善的待遇。

兩位傳教士遭到鳳山知縣馬慶釗的逮捕監禁，幸而遇見一位住在打狗從事鴉片生意的歐洲人搭救，才重獲自由。此事使洪保律神父心有餘悸，驚嚇生病，不久候即返回廈門，留下郭德剛神父一人在台灣傳教。

為了鼓勵台灣的傳教工作，馬尼拉主教決定將台灣教區從中國劃分出來，並推舉長期在福州傳教的利安當（Mariano Anton）為首任區會長，並於翌年（一八六一）來台上任，沒想到利安當隔年來台後，又因為嚴重水土不服，隨即又返回了福州。

一位被台灣刁民嚇到回廈門，一位被台灣氣候折騰回福州，大清時期的台灣還真是名副其實的鬼島，連訓練有素的天主教傳教士都打退堂鼓，而唯一可以與刁民和氣候奮鬥的，只剩下郭神父。

馬尼拉當局對郭神父寄予厚望，認命他繼任台灣區的會長。

郭神父肩負傳教重任，選擇在當時的高雄前金地區，用稻草搭起一座臨時教堂，這是天主教重新進入台灣後的第一個據點，經過了多次的改建擴建，形成現今高雄玫瑰聖母聖殿主教座堂。

儘管這座前金教堂並沒有遭到刁民的太大破壞，但是前金地區的住民大多為漢人，早已擁有自身的民間信仰，郭神父在此傳教頗為不易，為了尋找其他的傳教據點，郭神父來到了屏東萬巒的萬金村。

二〇一一年，屏東萬金教堂歡度建堂一百五十週年，特地舉辦「福傳一五〇，萬金永流傳」的慶祝活動，為了緬懷一百五十年前郭神父由高雄歷經艱苦到萬金傳教，同時見證天主之大，能跨越不可能。教友們在主任司鐸盧懷信神父的帶領下，從高雄玫瑰聖殿出發，徒步至屏東萬巒萬金天主堂，全程三十六．六公里，採接力步行的方式，約十小時完成任務。

看似艱難的步行活動，在眾人接力、歡笑聲中熱鬧落幕；然而在當年尚未開發的原

高雄玫瑰聖母聖殿主教座堂，經過多次改建，已失去舊有格局。
（圖片來源：維基公領域）

始泥濘道路，甚至有盜匪打劫的險惡條件下，郭神父由高雄步行至萬金，精神毅力確實令人感佩。

一八六一年底，郭神父偕同傳道員楊篤，從「前金」前後跋涉六十餘里來到「萬金」，到底是基於什麼原因，讓神父願意冒著盜匪打劫的風險，來到偏遠的萬金鄉村呢？

郭神父開啓萬金百年傳奇。
（圖片來源：維基公領域）

根據文史學者推測，高雄前金地區較萬金鄉村繁榮，當時不少萬金平埔族來到前金做工，由於平埔族遭到漢人歧視，只有傳教士才會友善對待他們，在前金的玫瑰教堂中，不少教友就是來自萬金的平埔族，郭神父在前金漢人地區傳教不順，自然會想要嘗試以平埔族為主的萬金村落作為新的傳教據點，於是神父來到了萬金村，同時開啟萬金教堂的百年傳奇。

肆、初抵萬金

萬金村是個漂亮的小村鎮，本地人覺得它是個幸運之村，因為它未受到漢人的破壞掠奪，村子位於綿延不斷的群山腳下，土地肥沃、物產豐富，是塊美麗的福地，郭神父必定是受了天主的引導，才選擇在這裡建立教會。

上述為擔任過三任（一八六四－一八六七）萬金本堂神父之職的方良濟（Francisco Herce），在一八六五年的報告中，對於萬金充滿希望與欣喜的文字描述。方神父的描述大體正確，這是一個未受漢人掠奪的平埔族村落，風景秀麗、居民和善，適合傳教；然而漢人未踏足此地也代表此處的土地價值不高，住民生活困頓。

原來平埔族原本歸屬「鳳山八社」，世代在土壤較肥沃的屏東平原上，然而從明鄭到清朝，國家和地方官僚長期嚴苛重稅，導致八社居民開始逃亡遷徙，最後來到偏遠的萬金村定居，也因為這裡土地貧瘠，才能躲過了漢人的再次覬覦。

值得注意的是，在台灣的族群遷徙中，客家人往往與平埔族形成命運共同體。由於口音與出身地的刻意歧視，南部客家族群只能選擇遠離閩南漢人的住地，來到鄰近萬金村的「先鋒堆」。

客家族群久經戰亂遷徙，族群意識強烈，在一七二一年（康熙六十年）的朱一貴事變時，當地客家人就已經有能力組成武裝兵勇「七營」，也就是現今六堆的前身，除了自衛鄉里外，還能協助清軍平亂；所以到一七八六年（乾隆五十一年）再度爆發林爽文事件時，清政府即主動要求六堆出兵。

由於和清政府合作無間，六堆客家人受到官府「義民」的大力褒揚，然而在平亂之後，基於勢力平衡的原則，官府又開始放任客家與閩南兩大族群繼續敵對，幾乎整個清朝，閩客關係都十分緊張，械鬥情況屢見不鮮。

閩客關係不睦，那麼同為命運共同體的平埔族呢？

儘管萬金平埔族與六堆客家人地理關係緊密，但是萬金平埔族在遷徙的過程中，卻產生「閩南化」的現象。原來屏東平埔族在清廷的劃分中是屬於熟番（可教化的番民），而台灣地區又以閩南族群為大宗，因此大清官員選擇以閩南語作為其漢化教育的語言；換言之，平埔族在文化選擇與認同上，是傾向閩南籍的風俗習慣。

平埔族使用閩南話，這對同為閩南語出身的郭神父團隊顯然是件好事，如此一來溝通無礙，自然有助於傳教士業的推行。然而這樣的文化選擇，卻為萬金平埔族與傳教士們帶來不幸。

因為同為被閩南漢人壓迫的成員，平埔族卻歸化為說著一口閩南口音的閩南漢人，這就意味著他們將成為客家族群的敵人，更何況這群擁有閩南口音的平埔族，還熱情擁抱代表外來勢力的傳教士。

於是看似美麗的萬金村落，在旁鄰客家族群的虎視眈眈下，潛藏著一道道凶險的危機，隨時準備引爆，這是初抵萬金，接受平埔族熱情簇擁的郭神父完全無法逆料的。

伍、災難降臨

一八六三年五月，郭神父排除萬難在萬金購地，建立一座土角厝教堂，從此郭神父就在前金與萬金地區奔走來回。然而在十一月份，郭神父前往萬金的途中，卻發生了土匪搶劫的事件。

當時負責送神父回萬金的轎夫，勾結地方盜匪，在半路洗劫神父，造成神父手臂受傷、財物損失；然而，真正令神父痛心的是，在場約有兩百多人圍觀，但沒有人出面制止暴行，顯然劫匪是刻意選在人多的地方，目的就是為了給神父難堪，教訓意味濃厚。

由於萬金與前金之間距離遙遠，往來不便，為了避免打劫的事件再次發生，郭神父決定在溝仔墘（今屏東竹田鄉）再建立一個教堂據點，作為前金、萬金的中繼休息站，亦可拓展傳教工作。然而傳教士們很快就發現，除了萬金平埔族外，沒有一個漢人對他們是友善的。

一八六四年建立之初，隨即遭到當地民眾焚毀；傳教士們不氣餒，再接再厲辛苦重建，沒想到隔年六月，溝仔墘教堂又遭暴民攻擊焚毀。原本以為郭神父會放棄此一據點，但溝仔墘教堂很快又再次重建起來，越挫越勇的郭神父甚至將住所搬遷至此，有了神父親自坐鎮，教堂事務終於得以推展開來，正當大家慶幸溝仔墘教堂逐步穩定之際，平埔族的萬金天主堂卻又發生了縱火事件。

這場災難的導火線，是客家聚落要求教堂分攤「迎神賽會」的費用。由於天主教是一神教，不得參拜諸神偶像，贊助客家漢人的賽會活動是違反教義的，萬金教堂當然婉拒；客家漢人心生不滿，趁半夜潛入教堂，放火焚燒，整個教堂，包括住所以及生活用品，通通付之一炬。

這場大火幾乎讓郭神父失去傳教的信心，好在萬金教區的教友人數達至一百五十人，在大家共同努力堅持下，開始進行教堂的重建工作。

原本以為苦難就此結束，沒想到考驗還在後頭：

一八六七年郭神父視察萬金教堂的重建工作，返回溝仔墘的途中，再度遭到盜匪洗劫。這次盜匪食髓知味，除了將郭神父的財物洗劫一空，甚至挾持了郭神父作為人質，要求教堂付款贖人。

教會財務拮据，只能派人至台南求見官員。由於郭神父是天主教台灣區的會長，若是鬧出人命，可能會引發國際糾紛，因此台南官員不敢怠慢，派出了十餘位士兵前往萬金營救郭神父，在官方的斡旋壓力下，郭神父最終獲釋。

洗劫、燒教堂、綁架，縱使有天主的祝福、萬金教友的支持，也沒有人可以在這樣惡劣的環境下堅持下去，好在事情開始有了轉圜。

由於大清官員坐視台灣民眾對傳教士的攻擊、迫害，最終導致英國船艦砲擊安平的衝突事件。大砲轟到家門口了，在台官員面對洋人的槍砲威脅，才開始改變態度，積極保護傳教士的身家安全。

一八七〇年萬金教堂重建完工，鑑於前幾次的縱火事件，這座由負責萬金教區神父良方良濟所購地興建的教堂，採用西班牙古堡式建築，搭配碎石、石灰、黑糖、蜂蜜、木棉及火磚等混合替代，建造成厚實堅硬的外牆，不僅可以防禦外敵，亦可避免縱火事件的發生。

一九三六年四月，日人籐島亥治郎調查台灣建築時，曾造訪萬金天主堂，留下了詳細的紀錄：

> 天主堂的平面布置，前寬五十七尺二寸，進深一一六尺二寸，成長方形，正門左右有厚重的塔樓……壁體全為紅磚造，外壁厚兩尺，塔樓壁厚兩尺四寸，外牆用石灰漿塗抹成白色……兩塔之間，正門上方有高聳的山牆，牆上端豎立十字架……

日人所記錄的萬金教堂，與現存的教堂外觀大體相同；古堡式的建築設計，不僅能抵禦外來的破壞、縱火，也讓這座別具風格的特殊建物，安穩地矗立在屏東平原。

遺憾的是，華麗變身後的萬金教堂雖然成功地留下萬人仰視的白色倩影；但是那座同樣飽經坎坷的溝仔墘教堂，卻在一八九三年的械鬥衝突中，再次遭到焚毀，消失在歷史塵埃之中。

二〇一六年竹田鄉公所與學者合作，找到了溝仔墘教堂遺址，但由於教堂遺址目前屬於私有地，竹田鄉公所也積極與地主洽談，希望未來能恢復一百五十年前的小聖堂樣貌，就讓我們拭目以待吧！

陸、奉旨傳教

雄偉的古堡教堂矗立眼前，台灣官員也積極保護傳教安全，萬金教堂一掃十餘年的痛苦陰霾，正式進入傳教騰躍的輝煌年代。在教會正式書寫的教堂歷史中，曾經提及一段故事：

一八七四年沈葆楨奉命為欽差大臣來台，受當時神父所託向清廷請求傳教自由，清穆宗准奏令沈葆楨書寫兩份「奉旨」和「天主堂」聖石，分別賜予前金玫瑰教堂以及萬金教堂。其中前金玫瑰教堂「奉旨」碑石曾於一九二八年改建時被埋於土中，後於一九七二年教友捐款興建聖母庭時被挖出，目前掛在聖堂正面正門上方，而萬金教堂則是鑲嵌教堂正面之上。此石碑，也是告誡當地漢人尊重平埔族的信仰，從此清朝官兵路過必下馬行禮。

上述有關沈葆楨賜石的說法，在現今介紹前金、萬金教堂時都會被引用，也算是一段歷史佳話。不過我們翻閱相關史料，並沒有沈葆楨上奏賜聖石的紀載；日人篠島亥治郎調查萬金天主堂，亦未提及外牆有「奉旨」的字樣，究竟沈葆楨是否有上奏朝廷賜石，成為一大懸案。

然而沈葆楨巡台期間，確實尊重台灣的地方信仰，甚至認為宗教活動對於維持、管理秩序有相當大的幫助，於是奏請朝廷開放台灣祭祀鄭成功，在台南興建「延平郡王祠」，同時立有「奉旨」二字石碑。

沈葆楨巡台期間對台灣地方信仰的尊重，也間接促進天主教的發展。高雄玫瑰聖母聖殿、萬金教堂，皆仿效「延平郡王祠」，鑲嵌上「奉旨」二字。（圖片來源：維基公領域）

一八七〇年萬金教堂重新啟用之際，台灣官員也開始積極保護傳教工作，在如此氛圍下，郭神父是否有以天主教台灣區會長的身分，希望比照「延平郡王祠」模式，報請沈葆楨賜石？抑或教友們私自決議，傳教乃是依據《天津條約》的正式協議，自行刻上「奉旨」二字，代表遵循朝廷的旨意？

前金、萬金教堂皆是郭神父會長任內所創建，也同時具有「天主堂」、「奉旨」刻石，這顯然不是巧合，而是計畫性為之；然而前金教堂卻將「奉旨」石碑埋入土中，如果刻石確實為同治親賜，此舉顯然不合常理。

是否前金地區人口眾多，教會擔心私刻「奉旨」遭人舉報，於是將刻石埋入土中以避禍？而萬金教堂位處鄉間，較無這層憂慮，因此保留刻石至今？究竟實情如何，有待更多的史料說明。

柒、萬金教會村

萬金平埔族原本歸屬肥沃的「鳳山八社」，為了逃避地方官僚的嚴苛重稅，逃亡遷徙到偏遠的萬進村定居；然而客家族群同樣遠離閩南人的住地，來到鄰近萬金村的「先鋒堆」（六堆）。

六堆客家人挾帶本是漢人的文明優勢，百年間，透過各種手段，對平埔族人土地巧取豪奪、併吞買賣；到了同治年間，萬金教堂進駐之際，能耕種的土地幾乎已被客家人占據，這與台灣其他原住民的命運頗為相似。沒有土地耕種的平埔族，只能淪為佃農，過著近乎貧農的困苦日子，我們看一段傳教士書信的報告：

這裡的婦女，在他們教友本分上，是最熱心、最虔誠的；但卻非常貧困，當他們來聖堂時，往往沒有一套好的衣服可以穿……本地人非常貧困，即使是最微小不值錢的東西，也會讓他們雀躍不已……。

他們聚集在山腳下，貧瘠的土地上，負債累累。

為了解決平埔族教友的貧困問題，神父良方濟做出了一個重要的決定，這個決定讓萬金教區成為全台灣天主教徒最多的地方。

良神父籌措了一筆錢，向客家人購買了角堂附近數十甲土地，一部分自耕自給，一部分廉價提供教友們興建住所、耕種農地；等到教友們能夠自給自足，生活有盈餘，再用募捐奉獻的經費，以相同的模式，再次購買土地。慢慢地，逐漸形成以教堂為中心，教友向四周同心圓擴散，彼此居住耕種的教會村聚落。

教會村的形成，徹底改善平埔族的貧窮狀況，不僅教友們可以自給自足，更產生吸磁效應，有更多窮困的族人，開始加入教會的聚落；透過集體的力量，讓原本貧困的族人，也能奉獻己力，參與慈善——「收養客籍女嬰」。

鄰近客家族群承襲漢人風氣，有棄養女嬰的惡習；而平埔族屬於母系社會，自然不會排斥女嬰。再加上教會本身就設有孤兒院，亦鼓勵族人收留棄嬰，在自身風俗以及信仰的引導下，萬金平埔族領養了大量「客籍女嬰」，不僅展現了天主慈悲，更重要的是，女嬰長大後，再與族人通婚，間接促成族群融合。

現今走在萬金村落，兩旁的店家仍保有閩南口音，面容與遊客彼此相似，族群的界線早已銷融。

教堂所舉辦的「聖心小先鋒」夏令營活動，在天主的大愛下，早已不分族群。（圖片來源：作者自攝）

捌、尾聲

時序來到日本殖民時期，一九四三年太平洋戰爭爆發，日軍徵收教堂作為指揮所，所有的信仰活動暫告停止；一九四五年美軍機大轟炸，聖堂附近彈殼積地，這座百年聖堂卻奇蹟地完整無恙。

台灣光復後，美國援助台灣的民生物資委託在台基督教、天主教發放，萬金地區乃由萬金教堂負責，百年前攻擊教堂的客家漢人，如今平和地出現在領取麵粉的隊伍中，萬金教堂用時間來展現最大的慈悲與包容。

二〇一一年，在台傳教超過百餘年的西班牙神父悉數撤回，改由台灣籍神父接棒主持；這群外籍神父，用他們超乎常人的勇氣與堅毅，在最痛苦的歲月中，完成了這項不可能的傳教任務。

現金萬金村大約有百分之八十的人口信奉天主教，過年期間，萬金家家户户門口的春聯畫的不是秦瓊和尉遲恭，而是洋味十足的耶穌畫像；每到十二月份「萬金聖誕季」，更有萬人塞爆這座大武山下的小鎮，這是萬金的奇蹟，也是台灣的奇蹟，更是教友們的天主奇蹟。

二〇一九年基隆市政府正在進行「大基隆歷史場景再現計畫」，邀請清華大學、西班牙考古學者共同合作，成功在和平島平一路停車場發掘出最古老的教堂、最堅毅的教堂風範——諸聖教堂遺址，在台灣一南一北，相互輝映。

萬金村中，隨處可見居民房舍牆壁上的聖母出巡彩繪，見證天主氣息最濃厚的宗教聚落。（圖片來源：作者自攝）

參考文獻

黃德寬譯，《天主教在台開教記》，光啓文化，二〇〇三年。

詹素娟，《清代平埔族的分布與遷徙》，台灣的語言方言分布與族群遷徙工作坊，二〇〇八年十二月二十七日。

黃子寧，《天主教在台灣萬金的生根發展》，台大歷史所碩士論文，二〇〇四年。

陳立中，〈屏東縣萬巒天主教文化瑰寶：萬金天主堂〉，《歷史月刊》，二四二期，二〇〇八年三月。

吹響移民反抗的號角：
北洋艦隊與台東天后宮

壹、前言

台東天后宮位於台東市中華路上，創建於光緒十七年。天后宮正殿上方分別懸掛清光緒皇帝所頒贈的「靈昭誠佑」，及提督張兆連「靈助平蠻」兩塊匾額。台東天后宮是台東地區唯一清廷認證的官廟，也是清朝在台灣統治時期認證的最後一間，別具歷史意義。

和台灣西部媽祖官廟相仿，台東天后宮亦是經歷動亂、平亂，最後奏請朝廷賜建的官方媽祖廟；儘管是大清時期最晚設立的官廟，經過百餘年的發展，每年由天后宮所主辦的台東元宵神明遶境，熱鬧程度也不輸台灣西部大甲鎮瀾宮的四月瘋媽祖。然而在繁華熱鬧的氛圍背後，廟方收藏的光緒十七年「新建埤南天后宮碑記」，卻隱藏了一段兩岸教科書都不願提及的歷史悲劇——「大庄事件」。

光緒十四年（一八八八），清朝駐台東統領張兆連防守營地遭番民包圍，水源被切斷，情勢岌岌可危，張統領派兵掘井，焚香祝禱乞求媽祖佑助，果然獲湧泉。張兆連困守孤營長達十七天，直到清廷派艦載兵馳援，事變始告敉平。光緒十五年提督張兆連為感恩媽祖靈顯相助，率先捐出養廉銀倡議建廟，次年春動工，光緒十七年完成，於是有了今日台東天后宮。

這樁名不見經傳、幾乎要被後人遺忘的事件，居然牽涉了那些鼎鼎大名的歷史人物：台灣巡撫劉銘傳、直隸總督李鴻章和海軍統領丁汝昌，甚至連清國傾力打造的北洋艦隊也開進了台東外海。

是的，你沒聽錯，在甲午戰爭中全軍覆沒的北洋艦隊，居然曾經進攻台灣、砲轟原住民？這到底是怎麼一回事？

一切的一切，該從台東被捲入國家力量漩渦的那一刻開始講起……。

貳、雲端記憶在後山

一六八三年清廷擊敗雄據帝國東南隅的台灣鄭氏王朝，然而藍色海洋的神祕魅力，

台東天后宮是大清統治台灣時最後一所官方認證媽祖廟。（圖片來源：台東天后宮網站授權）

卻讓熟悉鐵騎黃土的大清女真左右遲疑，經過一年的爭論，康熙皇帝終於拍板定案，將這塊彈丸之地收入厚重的帝國版圖，從此孤懸海外的台灣小島，正式從藍色海洋被拉到了黃土大陸的版圖，但隱身在中央大山之後的廣褒地域，卻被視為化外之地，長期處於縹緲的雲端世界。

一百二十多年後，漢人勢力翻越了雪山山脈，挺進了蘭陽平原，嘉慶十五年（一八一〇），清廷設立噶瑪蘭廳，不堪漢人壓迫的葛瑪蘭族，只能繼續往南逃竄，前往台灣的最後一塊後山淨土——花蓮、台東。

又過了五十個年頭，一八六七年三月，一艘美籍商船羅妹號（Rover），因遭遇暴風而漂流至台灣南部海域的七星岩觸礁，船長等十三人登岸後遭到當地住民殺害，美國駐廈門領事李仙得獲報後，向清廷提出懲兇要求，然而台灣官員卻以案發地非清國管轄區為由搪塞美國。同年六月，美國政府下令巡洋艦隊討伐原住民，是為福爾摩沙遠征Formosa Expedition，在不熟悉地形的情況下，遠征軍遭排灣族人火槍伏擊，最終只能狼狽撤退。

美國政府向清廷施壓，迫於國際壓力，台灣鎮總兵劉明燈親率兵勇五百人，深入南台灣協助美方與原住民談判，在李仙得積極參與下，最終取得部落首領承諾，將保障日後漂流至南台灣之歐美人性命安全，是為「南岬之盟」。

四年後，一八七一年，又一艘船隻在恆春半島遇難，五十四位琉球船民登岸後同樣遭到殺害。同年日本開始明治維新，為了紓解階級壓力，日本藉由船難，開始籌畫為琉球懲兇的征台行動。

鑑於美國遠征軍的慘敗經驗，日本雖「故技重施」，但更為周全縝密，不僅耗費三年籌畫，還聘請了熟悉清廷套路，同時在「南岬之盟」嶄露頭角的李仙得擔任軍事顧問，最後成功攻下瑯嶠地區，是為「牡丹社事件」。

「牡丹社事件」讓清廷對「後山」從原本縹緲的雲端想像，跌落國際現實中的武力抗衡。清國官員意識到，若再不積極經營後山領地，大清主權勢必再度受到列強的覬覦與挑戰。

光緒元年（一八七五），朝廷全面廢除渡海禁令，同時「開山撫番」，創立卑南廳，廳轄北至東澳溪，南至八磘灣，西至中央山脈分水嶺，約今日台東縣、花蓮縣、宜蘭縣南部及屏東縣東南部區域。

封存兩百年的台灣最後淨土，終於全面被打開，國家力量積極降臨到這片山海天地之上，此時清廷治理台灣已過了一百九十二年，距離台灣割讓日本只剩二十年。

參、打開後山　全面騷動

這是花東住民第一次面對國家力量的全面進駐，對於千百年來悠遊於山海之間的逍遙生活來說，似乎不是一件讓人開心的喜訊。

光緒十四年（一八八八）七月三日，直隸總督李鴻章收到台灣巡撫劉銘傳一則緊急電報，內容稟告埤南大庄（今花蓮縣富里鄉東里村），匪民共謀造反，後山幾近全面淪陷，劉銘傳以祈求的語氣：「懇乞速發大兵，即由火輪至埤南、花蓮港等處登岸，以救燃眉」。

台灣後山發生了全面性的變亂，當地最高官署埤南廳署（今台東市區）雖未遭攻陷，但是匪兵已由花蓮南下，勢如破竹，埤南廳署已危在旦夕，情勢急如星火。李鴻章聞訊後，即於隔日發電報給人在旅順的天津鎮總兵官丁汝昌，提到：「番變殺官，並圍攻埤南大營。山路遙遠，非由海道不能通信調兵，台灣船少，請速派快船兩隻來台。」

一場台灣後山動亂，牽動了數千公里外的大清布局。北洋艦隊——這與台灣八竿子打不著邊的陌生名詞，以轟轟巨響駛進台灣近代史。

從劉銘傳等地方官員的報告可知，大庄事件乃是屢思作亂的匪民，煽惑無知的當地墾民，殺害宅心仁厚、願意以米穀折價替代銀兩的收稅官員，而後山地區交通不便，因此動用到當時清朝最新的武力北洋戰艦前往發砲支援。然而令人好奇的是，大庄地區位於花東縱谷中段（今花蓮富里鄉東里村），一個小小的村落騷動，如何引發花東縱谷的全面叛亂，甚至向南進攻七十公里外的埤南廳署？

大庄事件發生於清光緒十四年（一八八八）六月，此時距台灣割讓僅剩六年；西方傳教士早在大清帝國之前，就已經進入到花東後山傳教。因此除了台灣官員的奏摺觀點外，西方傳教士，乃至於後來的日本人都留下了珍貴史料。

根據日方文獻《台灣文化志》、《平埔蕃調查書》、〈大庄「沿革」手寫文獻〉，大庄事件實乃一樁官逼民反的悲慘故事：

光緒十四年六月二十五日，埤南廳駐水尾（瑞穗）撫墾局委員雷福海，前往花蓮大庄地區向平埔族原住民征收田畝稅金。由於平埔番族不通用貨幣，因此向官員請求以米穀及鹿皮、鹿角代納，但是委員雷福海不許，為了讓平埔族就範，雷福海逮捕大庄婦女，將其浸於溪水中施以暴行，同時放話，若未盡繳稅義務者，應帶妙齡女子前往交換。

撫墾局官員的惡劣行徑徹底激怒平埔族，但是懾於官方武力，一時也無具體作為；此時大庄客家籍漢人劉添旺，因其岳母曾遭官員雷福海羞辱，於是夥同擔任當地都總理（通譯），同為客家籍漢人張兆輝，鼓動花東縱谷中部大庄平埔族以及阿美族動員起事反抗，有如星火燎原，一發不可收拾，終於釀成台灣開山撫番政策下最大的叛亂。

日人文獻與清朝報告相差甚遠，簡直是南轅北轍、各說各話；考量到台灣已是日本殖民地，而日本與大清亦為敵對國家，我們必須參考第三方傳教士的說法，才能完整、公允地還原大庄事件。

巴克禮牧師（Thomas Barclay）以閩南語羅馬拼音創辦的《台灣府城教會報》（Tâi-oân-hú-siâ^{n} Kàu-hōe-pò），在大庄事件發生後，光緒十四年十月號中有一篇名為〈Aū-soa^{n} ê Siau-sit（後山消息）〉的報導，內容為花東地區的教友，目睹大庄事件的慘狀，將其經歷記錄下來，託人帶至前山教會，最後再由教會報刊出，為大庄事件提供彌足珍貴的第一手報導，茲將相關內容，徵引如下：

> 在六月。官員有向百姓拿租，真殘忍，強迫取銀，都不能慢的。百姓不甘願；後來未拜上帝的人及阿美仔會聚，在六月二十五日，有刣（殺）老爹四人，兵丁七、八十人都死……壞阿（hai-ah）！
>
> 他們世俗人講，見有漢人都要殺死
>
> 現時在後山的漢人真悽慘艱苦……有的躲在山裡；有的躲在人的厝，亦給阿美仔抄出來刣（殺）死

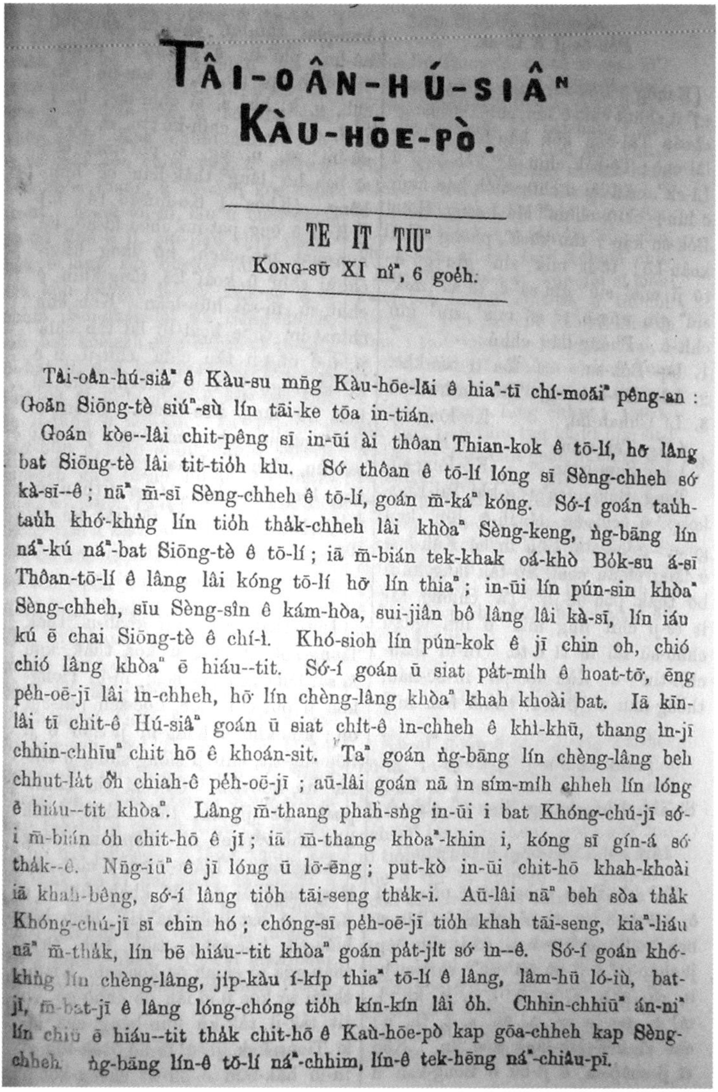

TÂI-OÂN-HÚ-SIÂ^N KÀU-HŌE-PÒ.

TE IT TIU^n

KONG-SŪ XI nî^n, 6 goe̍h.

Tâi-oân-hú-siâ^n ê Kàu-su m̄ng Kàu-hōe-lāi ê hia^n-tī chí-moāi^n pêng-an: Goán Siōng-tè siú^n-sù lín tāi-ke tōa in-tián.

Goán kòe--lâi chit-pêng sī in-ūi ài thoân Thian-kok ê tō-lí, hō͘ lâng bat Siōng-tè lâi tit-tio̍h kiù. Só͘ thoân ê tō-lí lóng sī Sèng-chheh só͘ kà-sī--ê; nā^n m̄-sī Sèng-chheh ê tō-lí, goán m̄-ká^n kóng. Só͘-í goán ta̍uh-ta̍uh khó͘-khǹg lín tio̍h tha̍k-chheh lâi khòa^n Sèng-keng, ǹg-bāng lín ná^n-kú ná^n-bat Siōng-tè ê tō-lí; iā m̄-bián tek-khak oá-khò Bo̍k-su á-sī Thoân-tō-lí ê lâng lâi kóng tō-lí hō͘ lín thia^n; in-ūi lín pún-sin khòa^n Sèng-chheh, sīu Sèng-sîn ê kám-hòa, sui-jiân bô lâng lâi kà-sī, lín iáu kú ē chai Siōng-tè ê chí-ì. Khó-sioh lín pún-kok ê jī chin oh, chió chió lâng khòa^n ē hiáu--tit. Só͘-í goán ū siat pa̍t-mi̍h ê hoat-tō͘, ēng pe̍h-oē-jī lâi ìn-chheh, hō͘ lín chèng-lâng khòa^n khah khoài bat. Iā kīn-lâi tī chit-ê Hú-siâ^n goán ū siat chit-ê ìn-chheh ê khì-khū, thang ìn-jī chhin-chhīu^n chit hō ê khoán-sit. Ta^n goán ǹg-bāng lín chèng-lâng beh chhut-la̍t o̍h chiah-ê pe̍h-oē-jī; aū-lâi goán nā ìn sím-mi̍h chheh lín lóng ē hiáu--tit khòa^n. Lâng m̄-thang phah-sǹg in-ūi i bat Khóng-chú-jī só͘-í m̄-bián o̍h chit-hō ê jī; iā m̄-thang khòa^n-khin i, kóng sī gín-á só͘ tha̍k--ê. Nn̄g-iū^n ê jī lóng ū lō͘-ēng; put-kò in-ūi chit-hō khah-khoài iā khah-bêng, só͘-í lâng tio̍h tāi-seng tha̍k-i. Aū-lâi nā^n beh sòa tha̍k Khóng-chú-jī sī chin hó; chóng-sī pe̍h-oē-jī tio̍h khah tāi-seng, kia^n-liáu nā^n m̄-tha̍k, lín bē hiáu--tit khòa^n goán pa̍t-ji̍t só͘ ìn--ê. Só͘-í goán khó͘-khǹg lín chèng-lâng, ji̍p-kàu í-ki̍p thia^n tō-lí ê lâng, lâm-hū ló-iù, bat-jī, m̄-bat-jī ê lâng lóng-chóng tio̍h kín-kín lâi o̍h. Chhin-chhīu^n án-ni^n lín chiū ē hiáu--tit tha̍k chit-hō ê Kaù-hōe-pò kap gōa-chheh kap Sèng-chheh ǹg-bāng lín-ê tō-lí ná^n-chhim, lín-ê tek-hēng ná^n-chiâu-pī.

以閩南語羅馬拼音創辦的《台灣府城教會報》，標題即為該報的閩南語發音。（圖片來源：維基公領域）

〈後山消息〉的報導讓人看得怵目驚心，原來根本沒有所謂宅心仁厚、願意以米穀折價替代銀兩的佛心官員；只有豺狼虎豹般，長期欺凌、任意敲詐、強迫取銀，最終導致原住民反撲，甚至牽連許多無辜漢人遭到殺害的惡質撫墾官員。

綜合日人以及第三方傳教士的報導可知，大庄事件乃是清朝失敗的撫番政策，造成官逼民反的大規模族群衝突事件。然而以劉銘傳為主的地方官員，為了推託「撫番失敗」的政治責任，故意誇大渲染為後山匪徒造反，再奏請朝廷派遣鐵殼船來台發砲，讓即將成軍的北洋艦隊，無端背上砲擊台灣的污名。

值得注意的是，清廷與日方文獻中，不斷出現「客籍漢人」為大庄事件的鼓動者，而據守官兵亦曾聽匪黨高聲大喊：「凡屬廣東土人，概行不殺。」（客籍漢人主要來自廣東）。對照〈後山消息〉中描述「見有漢人都要殺死」，這裡的漢人應當除排客家人，而是指漳泉語系漢人，即一般習稱的閩南人。

為什麼廣東客家人會捲入清代後山最大的民變呢？這裡又牽涉到一樁百年來的族群恩怨。

肆、客家辛酸史

台灣納入帝國版圖後，為了避免台灣再度成為反清的根據地，內地商民來台須經審查才能發給路照，而廣東地區自明末之際即是海盜的發源地，因此清廷嚴格禁止廣東籍客家人來台。

兩百年後，為了開山撫番，需要大量勞動力進駐後山，清廷廢除「廣東客籍禁令」，同時招募客家居民兩千餘人，以官輪船載赴台灣後山開墾。然而據時任卑南同知袁聞柝觀察：廣東汕頭客家人，半係遊手好閒之徒，不能力耕，於是建議裁撤汕頭招墾局，停止招募客家人前來。

其實遊手好閒之徒，又豈是客家人的專利？台灣西部平原的大小械鬥，不正也是眾多漳、泉語系閩南人遊手好閒之「羅漢腳」所貢獻的嗎？袁聞柝對於客家人的歧視，正是百年來粵籍客家人所背負的歷史汙名，只不過這樣的汙名從原本與帝國內陸關聯性較小的「海盜」，搖身一變成為震動京師的太平天國發源地——廣東客籍「粵匪」。

由於族群規模、語言差異，再加上官方所認定的「海盜、粵匪」刻板歧視，使得客家人在台灣成為與原住民同等級的弱勢族群。因此當大庄原住民遭到清朝官員欺凌、壓迫時，早已與原住民成為命運共同體的客家人，義無反顧地站在歷史的浪尖，六月二十五日，由大庄出發，向南、向北，共同吹起反抗帝國暴政的悲壯號角。

伍、北洋艦隊發砲始末

由客家人所領導的起義民兵，向北打到了花蓮港，向南攻破了埤南廳署。起義民兵同時聯絡了台東卑南山區「呂家望」與「大巴六九」兩社，共同向設營於今台東市區「鎮海後軍」發動進攻，守將提督張兆連退無可退，僅能死守，同時發電向外求援。時為台澎兵備道唐景崧聞訊後，急電澎湖駐軍派遣「海鏡輪」裝載兵勇，經海路前往平亂，不巧海鏡輪此時赴閩檢修，無法及時救援，無奈之餘，唐景崧只能派遣部分軍隊，循山路前往卑南支援。

從西部調兵前往卑南台東，途經中央山脈南橫路段，山路崎嶇，曠日廢時，緩不濟急，眼看卑南後山即將全面淪陷，唐景崧緊急向最高巡撫劉銘傳報告後，劉銘傳決定向遠在北京的淮軍老長官李鴻章求援。李鴻章聞訊後立即指示天津鎮總兵官丁汝昌派遣朝廷新購入的新式鐵殼船，赴台平亂。

然而弔詭的是，李鴻章於七月四日發電給丁汝昌，但丁汝昌卻遲遲不發船，卑南後山「鎮海後軍」危在旦夕，情勢急於星火，劉銘傳甚至一度向光緒帝告狀：「電請北洋大臣李鴻章速派快船兩隻來台助援，至今未到。」但丁汝昌依舊故我，不為所動。直至二十天後，七月二十四日午刻，丁汝昌才如慢郎中般，帶著北洋水師的兩艘艦：致遠號與靖遠號，姍姍來遲地加入這場急於星火的後山動亂。

丁汝昌與劉銘傳同為李鴻章淮軍手下，丁汝昌亦曾在劉銘傳麾下的「銘軍」效力過，但在老長官劉銘傳所轄台灣後山發生重大危難之際，丁汝昌卻似乎故意拖延，甚至一度拒絕發船，這究竟是怎麼一回事？清末詩人陳詩所撰的《丁汝昌傳》有一段兩人之間的小故事，大意為：

劉銘傳即將裁撤軍隊，丁汝昌在裁撤的名單內，此時丁汝昌在外駐守，寫信對此表達不滿，劉銘傳對其魯莽的行為感到憤怒，召其前來準備將其殺戮。有好心人警告丁汝昌，丁汝昌趕緊率領親信逃往故里家鄉。

由於劉銘傳離開銘軍時，丁汝昌仍在銘軍效力，因此這段兩人交惡的故事僅能當作野史來處理。然而無風不起浪，若是兩人沒有交惡，那為何在老長官危難之際，昔日手下丁汝昌卻有意見死不救呢？陳詩的這段小故事，留給我們無限想像的空間。

面對昔日手下有意拖延，具有戰力的海鏡輪此時又赴閩檢修，眼看著卑南的最後防線即將瓦解，台灣鎮總兵官萬國本於是借用原本載運鄉試考生前往福建考試的「伏波輪」，裝載兵勇及武器，走海路前往後山平亂。

七月十四日清晨，總兵官萬國本所率領援兵「伏波輪」，風塵僕僕地出現在台東外海，此時「鎮海後軍」遭圍困斷糧已超過十五天，生死未卜；此時輪船瞭望兵發現「鎮海後軍」軍營仍未遭到攻陷，大夥士氣大振，趕緊放下竹筏，裝載武器兵勇，搶灘登陸。經過一番激戰，番兵不敵清廷新式火砲的威力，紛紛退回卑南山區，「鎮海後軍」之困終告解圍。

清兵解除「鎮海後軍」之困，稍作休息，準備重新盤點戰力，再伺機進攻卑南山區。十天後，在眾人聲聲呼喚下，丁汝昌率領的兩艘北洋戰船終於出現在台東外海，根據一八九三年台東直隸州知州胡傳（胡適父親）所著《台東州采訪

參與平亂的北洋戰艦「致遠號」。（圖片來源：維基公領域）

冊》記載：「丁軍門汝昌以頭號大鐵甲輪船駛至埤南海面游奕，自船轟礮，藥彈力能及遠，飛入逆社，炸殺多人。番益震懼，乞降。」北洋艦隊的火力果然名不虛傳，在強大的獲火力轟炸下，再配合地面部隊進攻，卑南山區呂家望社，番民震懼，最終乞降。

台東卑南光復後，在北邊花蓮港殘存的清軍也動了起來，南北聯合掃蕩夾擊，平埔、阿美起義軍，見大勢已去，最終悉數投降，轟轟烈烈的大庄事件，就此底定。

由於丁汝昌所率領的北洋艦隊，在六年後的甲午海戰多方避戰，最終導致北洋艦隊全軍覆沒；然而在處理大庄事件時，卻肆意痛快炸殺番民，因此丁汝昌的北洋艦隊被冠上虐殺台灣原住民的罵名。

不過我們仔細檢視圍攻「鎮海後軍」的番民主力「呂家望社」，其番社據點為今「卑南鄉利嘉村」，距離海岸線直線距離約十三公里；而丁汝昌所率領的兩艘北洋水師艦隊，以其最先進的致遠號為例，其大砲最大射程為六千五百公尺，即使從海上發砲，根本打不到十三公里外的「呂家望社」，甚至有可能會誤傷自家清兵，

胡適父親胡傳所編纂之《台東州採訪冊》，他是台東直隸州的第八任州官，任期也為歷任之最，該書成為後代了解清代有關後山的重要史料。（圖片來源：維基公領域）

因此北洋艦隊自海上砲擊台東的說法就不成立。

劉銘傳在大庄事件平定後，上摺請求獎勵有功人員，其中提到：「呂家望地踞後山，形勢險絕，我軍非襲取後山，駐軍山頂，用礮攻擊，不能取勝，乃命丁汝昌攜快礮四尊，赴陸軍幫同猛擊。」換言之，丁汝昌是將戰船上的火砲卸下，運送至陸地，在射程範圍內，砲擊呂家望社。劉銘傳的奏摺資料，正可證明北洋艦隊並無在海上發砲。

值得注意的是，致遠號上可以卸下的武器，乃是五十七毫米的「QF 6-pounder Hotchkiss」，砲管五．七公分，屬於輕型砲管；而主砲才是兩百一十毫米的「21 cm L/35」：砲管二十一公分的大型巨砲。然而劉銘傳的奏摺資料卻說丁汝昌攜帶的輕型砲管乃是「巨礮」、「聲震陵谷」，似乎有誇大溢美之嫌。

此外劉銘傳記錄丁汝昌所率戰船於七月二十五日抵台，一直到八月十五號，才攻克呂家望社；有了北洋艦隊助陣，清軍仍然花了近二十天才平定呂家望社。由此可知，大庄事件的主力部隊，還是由台灣本島「伏波輪」兵勇與武器，北洋艦隊僅僅是外圍點綴，不須予以太多的情緒責難。

陸、後山的苦難還沒完

光緒二十一年九月，台灣割讓已成定局，駐守台南的劉永福見大勢已去，乘船逃回廈門，為了避免無辜殺戮，巴克禮牧師（Thomas Barclay）與宋忠堅牧師（Duncan Ferguson）代表居民向日軍開城迎降，然而消息傳到後山清軍營中，反而變成基督徒暗通日本的謠言。

光緒二十二年正月，謠言傳至花東縱谷，駐守的清軍開始有計畫地攻打信仰基督教的平埔族番民；再加上清朝已經中斷對後山糧餉補給，飢餓難耐的清軍，從原本的單純攻擊教徒，逐漸轉為全面性地掠奪，花東縱谷多數村落，不管是漢人或是平埔族，皆遭清軍劫掠一空，形成繼大庄事件後，再一次的兵燹浩劫，後山的苦難，似乎永無停歇。

柒、靈泉井碑石

當張兆連統領之鎮海後軍遭圍困時，營內水源已被切斷，張統領派兵掘井，並焚香祝禱媽祖佑助，果獲湧泉。為了感激媽祖保佑，張兆連除了倡議蓋廟外，並在湧泉處

（現今台東第一銀行後方宿舍），立「靈泉井碑石」以茲紀念。

八〇年代銀行整建舊宿舍，百年前的大庄事件早已淹沒在歷史塵埃中，這塊在興建宿舍時出土的陌生碑石，在搬運過程中，斷成了兩截，被當作廢棄物處置；分行經理想起曾聽聞地方耆老講述石碑的歷史，趕緊向文化中心反映，將碑石搶救回來，移至文化處大廳保存，之後文化處整建，這塊無人關心的陌生石碑，再度被移置暗無天日的地下室。

由於靈泉井碑源自媽祖顯靈，台東天后宮在撰寫廟方歷史時，注意到了這塊石碑，在廟方提議下，

「靈泉井碑石」，碑文已殘缺，現藏台東天后宮。（圖片來源：台東天后宮網站授權）

台東天后宮所祭祀的文武將軍，神主牌的左邊「文將軍」是清朝台東的第一位地方官袁聞柝先生。神主牌的右邊，雙手比「劍指」手勢的「武將軍」，是當時鎮守台東的鎮海後軍統領張兆連將軍。（圖片來源：台東天后宮網站授權）

二〇一六年文化處將碑石移置天后宮，安置於宮內「昭忠祠」，而祠中的武將軍正是當年死守鎮海後軍提督張兆連。

由於「靈泉井碑」是台東縣第一件縣級古物，天后宮亦是地方重要信仰，文化處長、台東市長都出席了盛大的揭碑儀式。

然而在熱鬧的回娘家儀式背後，「靈泉井碑」也代表著平埔族、阿美族甚至是客家人的共同痛苦印記。

花蓮阿美族受邀參加天后宮所舉辦中元普渡慶典活動，百年前的族群衝突，早已消弭在輕盈舞步之中。（圖片來源：台東天后宮網站授權）

捌、尾聲：寬容地看待歷史

平埔族後裔台東高中教師林勝賢，也參加了當年的靈泉井碑的揭碑儀式，他回顧祖先被殺戮的那段慘痛事件，認為「史實必須寬容看待」，而非陷入意識型態之爭，用更寬容胸襟看待，往前跨越。

參考文獻

潘繼道，《清代台灣後山平埔族移民之研究》，稻鄉出版社，二〇〇一年。
潘繼道，〈花蓮大庄「舊人」後山移民史〉，《史耘》，第八期，二〇〇二年九月。
廖准一，《虛實之境：台灣後山的地域與人群（從近代初期到一八八八年）》，台灣師範大學台灣史碩士論文，二〇一四年。
陳悦，《北洋海軍艦船志》，山東畫報出版社，二〇〇九年。
劉銘傳，〈攻克後山叛番並北路獲勝請獎官紳摺（十四年九月初二日台北府發）〉，《劉壯肅公奏議》，《台灣文獻叢刊》，第二十七種，台灣銀行經濟研究室，一九五八年。
蔣師轍、薛紹元編，《清光緒台灣通志》，國史館台灣文獻館，一九五六年。
胡傳纂輯；方豪編輯，《台東州採訪冊》，《台灣文獻叢刊》，第八十一種，台灣銀行經濟研究室，一九六〇年。
伊能嘉矩著；國史館台灣文獻館譯，《台灣文化志》，大家出版社，二〇一七年。
台灣總督府民政部著；翁佳音、陳怡宏譯，《平埔蕃調查書》，國立台灣歷史博物館，二〇一三年。

國境之南：高士神社的美麗與哀愁

壹、緣起

漫步登上屏東「高士神社公園」的清幽階梯，伴隨著太平洋的海風輕拂，映入眼簾的是矗立於階梯盡頭、純淨無瑕的白色鳥居，配合著牡丹花季的花開繽紛，這絕對是僅屬國境之南的唯美浪漫。

鳥居後方則是透明造型的高士神社，坐擁開闊的視野，可俯瞰蒼翠蓊鬱的層層山巒，氣勢非凡；若將視野拉向遠方的藍色海灣，這裡是引發牡丹社事件的歷史現場——八瑤灣，美麗的景色摻揉歷史悲鬱，心情似乎也沉重起來。

高士（kuskus）部落為排灣族群的古老部落，日本統治時期為牡丹地區的政教中心，一九三九年皇民化運動中，在今「高士神社公園」原址首建神社，一九四五年日本投降後一度毀壞廢棄，二〇一五年重建。

歷經牡丹社事件、南蕃事件，甚至是徵召至南洋作戰的高砂義勇軍，排灣族皆是處於被日本殖民政府壓迫剝削的弱勢一方，何以戰後仍然心繫神社，奇蹟地建立全台唯一祭祀天照大神的日式神社呢?這背後有什麼不為人知的感人故事呢?接下來請隨著文字，一起探索高士神社的美麗與哀愁。

貳、排灣族與美軍的世紀之戰

一八六七年三月九日，一艘美籍商船羅妹號（Rover）因遭遇暴風而流至台灣南部，船長等十三人登岸後遭到當地排灣族住民殺害，美國駐廈門領事法裔李仙得（Charles W. Le Gendre）獲報後，隨即向清廷提出懲兇要求，台灣官員以案發地非清國管轄，拒絕了李仙得的出兵請求，只是清廷沒想到的是，原本慣用的推托技倆，卻引發台灣排灣族與美軍的一場世紀大戰。

由於領事李仙得乃是軍人出身，打過南北戰爭，作風剽悍，他見清廷消極推諉，當下說服駐防上海的美國海軍東印度中隊（East India）司令官貝爾（Henry H. Bell），派遣戰艦前往墾丁海域搜尋美籍生還者。事實上，依據清美《天津條約》第九款，美船舶如被劫、被擄，美軍艦有追捕海盜的權力，司令貝爾受到李仙得的慫恿，再加上清廷消極作為，於是自行決定依照《天津條約》，動用武力，向社頂排灣族開戰。

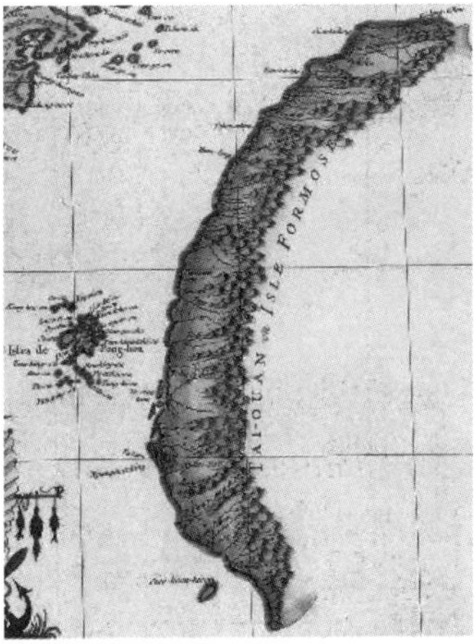

1735年法國人所繪台灣地圖，可知清廷的有限轄區僅限於西部平原。（圖片來源：維基公領域）

然而在不熟悉當地地形的情況下，一百八十一名美軍陸戰隊員登陸後隨即陷入苦戰，美國軍官麥肯吉少校（A. S. Mackenzie）亦遭到伏擊陣亡，時值盛夏，南台灣酷熱，美軍多人中暑，為了避免更大的傷亡，貝爾只能下令撤回艦上。征討行動的困難度遠遠超出最初的預期，幾番評估之下，貝爾只好放棄繼續再攻的嘗試，狼狽撤退。

軍事行動失敗後，李仙得轉而向台灣鎮總兵劉明燈施壓，暗示美國即將派遣更大的軍團掃蕩台灣。為免再啟事端，劉明燈率兵五百人親赴排灣族番社瑯嶠，協助李仙得懲戒原住民。

清軍大陣仗進駐，引起番地邊界的騷動，在當地漢人斡旋下，一八六九年二月二十八日，李仙得與瑯嶠頭目卓杞篤進行會談，最終獲得承諾，卓杞篤所轄之瑯嶠十八社，日後將保障漂流至南台灣之歐美人性命安全，是為「南岬之盟」。

各位看官，你真的沒有看錯！

正當大清開啟一系列喪權辱國的悲慘歷史之際，在南台灣化外之地的排灣族，居然可以擊敗已經現代化、火力強大的美國海軍，甚至與列強代表平起平坐，簽訂和平條約，這到底是怎麼一回事？

其實，被大清帝國視為後山落後的排灣族生番，一點也不「生番」。原本以為落後的台灣，在清廷開港後，透過資源出口，才躋身於世界貿易體系；殊不知南台灣的排灣族早在四百年前，就已經是世界貿易的大咖玩家。

一九八〇年代在墾丁社頂一帶所發現的「社頂遺址」，根據考古學家判斷，屬於古時排灣人盛行的墓葬形式。陪葬品相當精緻豐富，有銅環、瑪瑙珠、玻璃珠，閩粵的瓷碗、瓷壺，甚至還有西班牙、墨西哥銀幣，都出現在排灣部族的石棺內。這些充滿「異國風味」的器物，與其他排灣遺址的考古發現相當吻合。換言之，不僅僅是與美軍交戰的社頂排灣族擁有先進的貿易文明，整個南台灣的生番區都參予了這場商業盛宴。

不難想像，在大航海時代下的殖民浪潮與全球貿易的雙重推動下，讓遠在墨西哥的銀幣、菲律賓（西班牙殖民地）的物資，有機會飄洋過海，來到遙遠的南台灣；而同一時期的福建，竟也出現類似銀幣。這些出土寶藏，隱然勾勒出在美洲墨西哥城、菲律賓馬尼拉、中國福建、南台灣生番區之間輾轉流通的貨貿關係。

連墨西哥銀幣都換得到，那麼火力強大的洋槍理當不是問題。

事實上，火槍鳥銃在荷蘭人時代

李仙得，主導日本攻台的法裔美國外交官。（圖片來源：維基公領域）

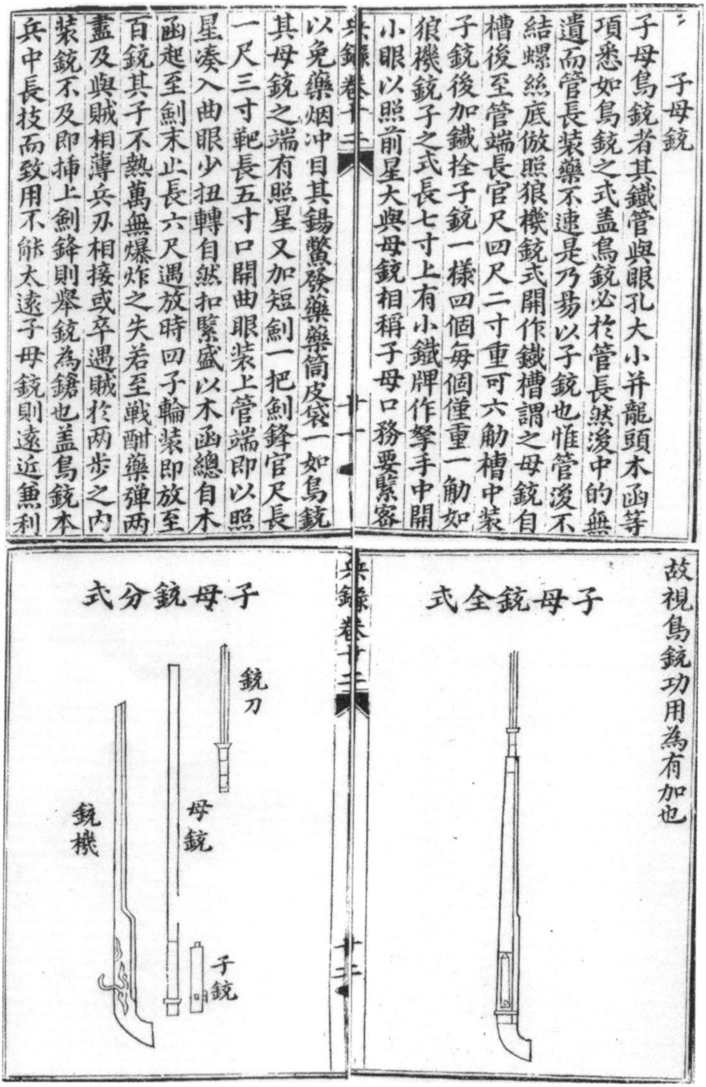

子母銃

子母鳥銃者其鐵管與眼孔大小并龍頭木函等項悉如鳥銃之式盖鳥銃必於管長然後中的無遺而管長裝藥不速是乃易以子銃也惟管後不結螺絲底倣照狼機銃式開作鐵槽謂之母銃自槽後至管端長官尺四尺二寸重可六觔槽中裝子銃後加鐵拴子銃一樣四個每個僅重一觔如狼機銃子之式長七寸上有小鐵牌作拏手中開小眼以照前星大與母銃相稱子母口務要緊容

兵錄卷十三

以免藥烟冲目其錫鱉發藥藥筒皮袋一如鳥銃其母銃之端有照星又加短劍一把劍鋒官尺長一尺三寸靶長五寸口開曲眼裝上管端即以照星湊入曲眼少扭轉自然扣緊盛以木函總自木函起至劍末止長六尺遇放時四子輪裝即放至百銃其子不熱萬無爆炸之失若至戰酣藥彈兩盡及與賊相薄兵刃相接或卒遇賊於两步之内裝銃不及即插上劍鋒則舉銃為鎗也盖鳥銃本兵中長技而致用不能太遠子母銃則遠近兼利

故視鳥銃功用為有加也

明朝崇禎年間何仲升《兵録》一書已清楚記載火槍鳥銃，可知火器的使用甚早，透過與漢人交易，火槍的取得並非難事。（圖片來源：維基公領域）

己傳入台灣，後來經由西方人不斷改良，傳入台灣火力也隨之強大。身為貿易老手的排灣族，當然不會缺席這場火槍嘉年華，於是在優勢地形的掩護下，擁有強大火力的排灣族，只消安排幾位老手持槍狙擊埋伏，就足以擊退進犯的美軍。

火力強大的排灣族，讓軍人出身的領事李仙得刮目相看，在「南岬之盟」簽訂後，李仙得於一八六九、一八七二年，帶著大量的禮品，兩度回到南岬番地，會晤番民首領。這樣的懷柔策略似乎奏效，因為此後失事漂流上岸的船員，無一遭到當地原住民獵殺，而這樣的番地經驗，也成為日後李仙得「斜槓」牡丹社事件時，最有利的強大資本。

從現存李仙得手稿——《台灣紀行》（*Notes of Travel in Formosa*）中，大量的手繪地圖中，同時還記錄了經緯度和氣壓，這顯然與他所受的軍事訓練有關，因為氣壓可以用來來測量高度，這部分他可是專家。

由於李仙得在「南岬之盟」出色的表現，在廈門領事任期即將結束之際，華府提名他擔任美國駐阿根廷大使，然而卻因為李仙得具有法裔的尷尬身分遭到否決。

一八七二年五月，李仙得結束領事任期，失望地搭船從廈門返回紐約，途經日本橫濱進行補給時，他透過美國駐日公使查爾斯·德隆（Charles E. DeLong）的引介，面晤日本「外務卿」副島種臣。李仙得充分保握機會，向副島種臣倡議以武力解決台灣問

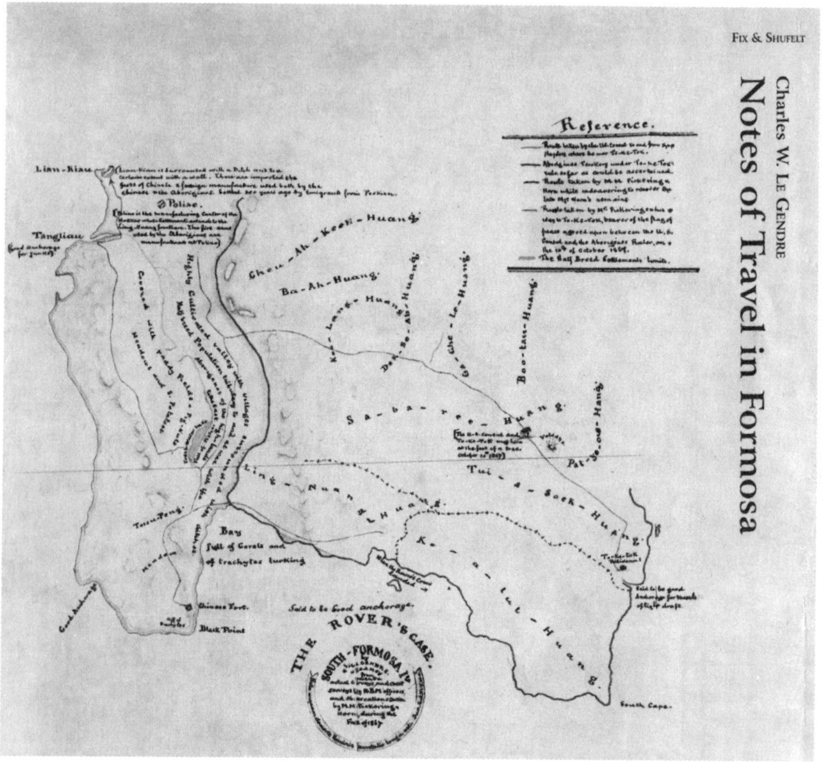

羅妹號（Rover）事件時，李仙得所繪製的南台灣墾丁區域地圖，已與現代地圖相去不遠。（圖片來源：維基公領域）

題，同時呈上他所繪製的台灣地圖。

事實上，早在李仙得與副島會晤的前一年，又有一艘船隻在恆春半島遇難，五十四位琉球船民登岸後遭到殺害。同年日本開始明治維新，大量武士淪為平民，造成極大的社會問題，為了紓解階級壓力，遂有出兵台灣之議。但是鑑於強大美軍攻台失敗的慘痛教訓，日本一直不敢貿然行動，李仙得的加入，不啻是一劑強心針，讓維新政府如魚得水，隨即在兩年後，發動了征台戰爭。

在李仙得的協助下，日軍由陸軍中將西鄉從道率兵在一八七四年五月十二日於社寮登陸後，於五月二十二日抵達石門，與牡丹社族人展開激戰，最後，牡丹諸社投降，史稱「牡丹社事件」。

細心的讀者也許會發現，既然一八六九年李仙得已經與瑯嶠十八社頭目卓杞篤簽訂「南岬之盟」，為什麼還會一八七一年發生同屬瑯嶠地區的高士神社殺害宮古人呢？

根據李仙得的手稿資料，原來頭目卓杞篤確實認真執行「南岬之盟」。在盟約簽訂後，至少有三次西方船隻遇難後，都得到當地住民的救助。

然而，這些救助船難者的部落住民卻皆未獲得「默契中」的禮物餽贈。弔詭的是，這些船難者的國家確實透過大清駐台官員，餽贈回報原住民禮物，但是卓杞篤這邊彙整的消息卻是「什麼都沒收到」，真相顯而易見，就是禮物（金錢）被大清官員汙掉了。

照顧船難生還者，要保護其安全，提供食宿生活所需，龐大的開銷費用只能期待將來的禮物、金錢餽贈來彌補。在辛勞的付出後，又無法獲得任何報酬，那麼所謂的「人道救助」已成為一種沉重的負擔，嚴重削弱原住民的施予意願。

事實上，一八六九年在東海岸發生一件沉船事件，安置費用全部由頭目卓杞篤買單，大清當局連個口信也沒給他，更別提可以獲得金錢補償。

由此可知，大清官員的劣質貪汙，使得「南岬之盟」已經形同具文，除了富有的頭目卓杞篤外，沒有部落願意執行這樣賠錢的承諾。換言之，只有船難國家所帶來的經濟利益，才能維持「南岬之盟」的正常履行，一旦經濟利益消失，「南岬之盟」也就失去了的履行保證。

當琉球人被拘留之際，信守「南岬之盟」的卓杞篤曾反對將琉球人處死，但還來不及阻止，悲劇就已發生；李仙得的翻譯棉仔（Mia），與卓杞篤有私交，他曾向李仙得表示，如果當初有一個代表，有足夠的金錢和授權，那些琉球人就不會被殺。但是卓杞篤已經失信於部落，琉球人事件，只能無奈地以悲劇收場。

參、斯卡羅人

在琉球人遇害事件中，主要是「高士神社」族人參與行凶，「牡丹社」充其量，僅僅是不起眼的配角，但是日軍為何不以高士神社為主要征討對象？卻以牡丹社為首要戰略目標？

傳統的解釋認為，高士神社雖然是殺害琉球漂民的「主兇」，但是高士神社勢單力薄，而附近的牡丹社人口眾多，勢力強悍，因此日軍以武力「討伐」牡丹社，可收震撼周邊各部落之用。

這樣的解釋不能算錯，但是瑯嶠地區（恆春半島）最大勢力的番族並非牡丹社，而是卓杞篤所屬的斯卡羅人，李仙得當初與卓杞篤簽訂「南岬之盟」就是看上斯卡羅人共主的地位；日軍如果要收震撼周邊部落之效，直接攻打斯卡羅人是最快的，那麼為何日軍沒有攻打斯卡羅人？細心的讀者應該猜到答案，沒錯，這是李仙得的安排。

一八七二年，李仙得面晤日本「外務卿」副島種臣，對於台灣原住民有以下的評論：

> 其種族重正直，若我方直以待，就絕不會以暴力相向……我曾與眾平民相接觸，

陸軍大將佐久間左馬太，曾經來台參與牡丹社事件，最後出任台灣第五任總督。佐久間一改前任總督兒玉源太郎的綏撫手段，採取嚴厲的武裝鎮壓，成為「霧社事件」衝突的遠因。（圖片來源：維基公領域）

日人所繪「牡丹社事件」征戰圖。（圖片來源：維基公領域）

其為非常溫和之種族，一直致力於漁業，性情剛直，令人佩服的是，其非常遵守約定。

李仙得並沒有說明這是哪一族，但是從正直、遵守約定等關鍵字來看，這當然是與他簽定「南岬之盟」的斯卡羅人。

頭目卓杞篤為了遵守盟約，自掏腰包救濟船難生還者，這種「輕生死、重然諾」的俠義性格，與同是軍人出身的李仙得，自然是惺惺相惜。因此當日軍登陸車城之際，隨即按照計畫，餽贈禮物予以「性情剛直」斯卡羅人，換取其支持。而當牡丹社被日軍擊潰後，此時卓杞篤已死，繼任的大頭目潘文杰亦是幫助日軍善後招撫番社，一八九五年台灣割讓後，更是協助日本政府在當地建立統治。

極為殘暴的日軍，居然會對名不見經傳，隱身於恆春半島南端的斯卡羅人極度友善，而斯卡羅人也願意配合日軍調和統治，不難看出中間烙印著李仙得與卓杞篤的互動模式。

肆、被觀看的「兇猛人類」

殖民政府與斯卡羅人的蜜月期並沒有太久，一九〇六年佐久間左馬太就任第五任台灣總督，這位曾經參與攻打牡丹社戰爭的總督，對於久久沒有成效的原住民懷柔政策失去耐心，於是在一九一〇年推動嚴格的「理蕃五年計畫」，要求「在一定的年限內平定兇蕃」，「將蕃人所有的槍械及彈藥全部沒收」。由於火槍是原住民百年來的文化傳統，全台各地都出現零星的反抗事件，其中規模最大就屬南台灣斯卡羅人所率領的排灣族地區。

斯卡羅人所轄瑯嶠十八社，接近邦聯制的政治結構，人力物力動員容易，戰爭經驗豐富，無懼於日本武力威嚇，拒絕繳交槍械彈藥，於一九一四年與殖民政府爆發軍事衝突，是為「南蕃事件」。

日本動用了近兩千名警力配戴火砲進入部落掃蕩，加上海軍兩艘驅逐艦「薄雲」和「不知火」從近海砲火支援，排灣族堅守奮戰五個月，在彈盡援絕的情勢下，最終只能「歸順」於日本。日警有百餘人死亡，排灣族傷亡人數難以估算。

鏡頭來到一九一〇年的英國倫敦：

二十四名台灣恆春「瑯嶠十八社」，身穿傳統服飾的排灣族人，歷經遙遠的航程來到半個地球遠的英國，他們即將成為「日英博覽會」中「福爾摩沙村」的觀光景點，遊客只要花費六便士，就可以「觀看」這群尚未開化的生番野蠻人。

原來英國為了遏止俄國在中國東北的勢力發展，與日本簽訂了盟約關係。為了充分展現日本是英國值得信賴的盟友，一九一〇年四月十五日，英日兩國於倫敦共同舉辦博覽會。

會場除了設英、日兩國工商產業、藝術、文化展示館外，日本還針對當時殖民勢力控制區——台灣、韓國、關東和南滿，各設置一個展示廳。其中最特別的當屬「台灣廳」中真人居住展覽的「福爾摩沙土著村」。

我們先看一段博覽會簡介文字：

福爾摩沙村居住的是一位知名旅行者所形容的「全球最凶猛、最頑強的種族之一」。當然，那是在一八九五年日本占領這個島嶼之前。大家可以看見這些好戰的福爾摩沙山區居民，住在自己建造的獨特住屋中，進行他們的工作和活動。他們的戰舞讓人顫慄，從戰爭示範中，可以看出他們精通弓矢和長矛。

根據籌辦單位的紀載，「福爾摩沙村」是展覽期間觀眾人數最多的地方，排灣族人的演出顯然是成功的。回到台灣後，參演族人受到總督府豐厚的獎賞。

日本選擇「瑯嶠十八社」排灣族人，作為尚未開化的生番代表，或許是牡丹社事件的烙印，或許是「南蕃事件」的影響，總之歸化日本的「瑯嶠十八社」，換來的不是如同李仙得式的友誼尊敬，而是國家暴力的人格羞辱，只是在強大的文化反差下，這樣的人格羞辱卻弔詭地成為無上榮耀。

至此，這支曾經擊敗強大美軍的優秀民族，在殖民政府全面的教化改造下，只能蜷曲於展示村中，成為觀看的珍禽異獸；那些光輝過往，如同哀傷的回憶，僅能掩藏在不願提起的歷史灰燼中。

不過，日本人很快就會改變想法的。

Commander-in-chief Saigo and his staff. (1874).
Tokitok. Isa.
石門戰役後，日軍指揮官西鄉從道與排灣族領袖合影。其中位於西鄉左坐者為卓杞篤之子朱雷，可見日軍仍看重卓杞篤的影響力。（圖片來源：維基公領域）

伍、高砂義勇軍

「在沒有道路的叢林，來回穿梭偵察著敵情。他們可以分辨出遠處的聲音，將敵軍誘到指示的正確方位。他們將游擊戰的妙處發揮到極致，是使我軍優勢的原動力。」這是日本老兵對於「高砂義勇隊」的回憶描述。

「高砂」是日本古稱呼台灣的方式，殖民政府為了減少對於原住民的歧視，一九三五年開始，將未開化的生番改稱為「高砂族」。從未開化的生番動物，進化為超強戰力的高砂族，這又是怎麼一回事呢？

從現有的史料上判斷，在一九三〇年發生的霧社事件中，原住民強勁的山林作戰能力，讓日本人印象深刻。一九四一年珍珠港事變爆發，日本人戰線擴大到南洋一帶，能吃苦耐勞、精於山林作戰的台灣原住民青年自然成為先被考慮的不二人選。一九四二年到一九四五年，短短三年多，大約有四千到八千位台灣原住民，被日本遣往戰況最激烈的南洋群島從事野戰。其中一半以上埋骨在陌生的異域。

時間回到一九三八年九月，台灣日本殖民時期，一名泰雅族少女莎韻．哈勇因替日籍教師搬運行李，不幸在南澳墜溪失蹤，當時台灣總督長谷川清為褒揚其義行，頒贈予當地的紀念桃形銅鐘，稱為「莎韻之鐘」，並設置紀念碑。

日本戰時宣傳片《莎韻之鐘》，即以此故事為背景，描繪在外地唸書回家的原住民青年為了響應參戰，特別回到家鄉來等候召集令，接到召集令的青年歡欣雀躍，接不到的人傷心失落，電影情節也許誇張，但是實際的情況也相差不遠。

日本戰敗後，「莎韻之鐘」遭到毀棄，下落不明。

民國八十一年（一九九二），一位十六歲的日本小女生來台旅行，無意間聽到台灣歌手蔡琴所演唱的《夜光小夜曲》，優美的旋律中雜有一股淡淡的哀愁，小女生很喜歡這首歌，莫名之中，有股熟悉的感觸，回國後將這段遊記投稿報刊。

受訓中的高砂義勇軍。（圖片來源：維基公領域）

經過媒體追查，才得知這首歌的原曲，是日本殖民時代的《莎韻之鐘》電影主題去。日本NHK電台驚豔於這段美麗的過往，特地前來台灣拍攝《莎韻之鐘》紀錄片，沉寂了近六十年的歷史記憶，再度被喚醒（YouTube搜尋「莎韻之鐘」可觀看電影原聲主題曲）。民國八十六年（一九九七），南澳鄉公所設置「莎韻紀念公園」，放置重鑄的莎韻之鐘。

《莎韻之鐘》從毀棄到重製，甚至設立紀念公園，不難看出在原住民所深深烙印的日本殖民情感。

我們再來看看一九四二年第一回高砂義勇隊的召募景況：

全台總計有四千兩百四十七位原住民報名參加高砂義勇隊，最後僅錄取五百個名額。錄取機率約為十分之一，不難看出當時原住民為祖國日本而戰的踴躍盛況。

五十年後（一九九四），一位日本文化工作者柳本通彥來到花蓮壽豐村，採訪當地耆老，製作成紀錄片。一位耄

殖民時代的《莎韻之鐘》電影劇照。（圖片來源：維基公領域）

耋婦人表示：「當時她的孩子才出生十四天，丈夫就急著要從軍。」丈夫說：「大家都去了，我怎麼可以不去？不當兵，不像男人。」

從這位耄耋婦人的親身經歷，配合史料十分之一的錄取機率，「踴躍」似乎已經不足以形容原住民為日本祖國而戰的熱情。

看官們至此難免會時空錯置之感，飽受歧視、迫害，甚至是被當作珍禽異獸觀看的原住民，怎麼會為凶殘的殖民政府效命呢？其實那些已是三十多年前的往事了。

電影《賽德克．巴萊》中，狩獵、出草、血祭祖靈，是原住民青年的成人禮，只有驍勇戰士才能在臉上紋繪圖騰，導演魏德聖精準地呈現這樣的勇士榮耀。出征是一種儀式，讓生命獲得部落的族群認可，日本人巧妙地將原住民光榮的「征戰文化」，綰合日本「武士道」的絕對犧牲，形成完美的信仰共同體。

為日本天皇打仗，乃是一種原住民傳統精神的實踐。一種部落與國家交疊，個人與集體相互認同，這也是一個民族對自我生命的當下安頓。

相對於大清時期飽受漢人批評、歧視的出草征戰陋習，高砂勇士在日本「武士道」的尚武精神中，依循著櫻花落下時的淒美韻律，尋獲屬於自身文化的認同，光榮悲壯地加入帝國所號召大東亞的聖戰行列中。

究竟是英勇的高砂勇士？還是不怕死的日本武士？這其間複雜的情感糾葛，確實不能以簡單的是非對錯來論述，更不足為外人所道。

陸、尾聲

沿著屏鵝公路一路往南，陽光、沙灘還有迷人的海浪，這國境之南的藍色熱情，渲染著每一個過客的愉快心情。抵達車城，左轉一九九縣道，兩旁的景色突然沉重起來，這裡就是牡丹社事件中，日軍與排灣族激戰的石門古戰場，向前駛入「牡丹社事件紀念公園」，與日軍奮戰身亡的「牡丹社頭目阿祿古酋長aruqu父子」雕像、手撫彎刀，望向遠方，靜靜地等待那無聲無息的最後悲壯。

石門戰役勝利後，日軍挺進進攻牡丹社、高士神社，放火焚燒屋舍，族人倉皇四處潰散。

一九三六年，在牡丹社事件的發生地高士神社，殖民政府興建祭祀天照大神的「高士神社」。

一九四三年，加入「高砂義勇隊」的排灣族人，綁著旭日頭巾，抱著家人，在這座白色淒迷大鳥居旁，互相約定：「如果我回不來了，以後就來神社相見吧！」神社已是族人的信仰寄託。

一九四五年，秋天，日本戰敗，這座曾經是族人神聖信仰所在，一夕之間成為「殖民餘孽」、「日寇資產」，在一場風災後，就此荒廢，徹底被打入歷史餘灰之中，從南洋歸來的壯士英靈，徘徊廢墟底座，看不到當初約定的家人面容。

二〇〇九年日本ＮＨＫ電視台來台製作「日本統治台灣歷史」系列報導，高士村民特地帶著ＮＨＫ攝影團隊，來到山頂上的高士神社舊址，面向攝影機，請日本人幫忙，重建神社。

二〇一二年，從事台灣神社田野調查的日人金子展也，來到了神社遺址，他訪問部落耆老龍辛先生，耆老再度表達了族人想要重建神社心願。

二〇一五年日本神職人員佐藤健一聽聞高士神士的故事，被村民的精神所感動，耗資一千萬日圓贈送木造神社，同年十二月，舉行鎮座祭。

二〇一六年五月七日再次豎立白色鳥居。

此時距離日本戰敗已經經過了七十一個年頭，高士神社再度重現於世，見證那排灣族複雜的美麗與哀愁。

柒、走出悲情

讓族人自己來說話吧！

高士村村長李德福表示：重建神社最主要的目的是發展觀光、創造就業機會，因為山地資源限制多，人口外移嚴重，剛好有這個遺址，可以作為觀光景點。讓當地年輕人留在部落工作、擺攤賣御守，結合當地其他旅遊行程和導覽、民宿，接待更多日本和台灣觀光客。

高士佛神社管理委員會總幹事李安琪，她是村長李德福女兒，同時還有一個特殊的身分，她是衛福部恆春旅遊醫院唯一出身高士部落的在地醫師。

李安琪從小在部落長大，她目擊了年輕人因為缺乏工作機會紛紛離開部落，最後自連己也成為北漂的一員。然而鄉愁的呼喚，在她取專科醫師資格後，毅然決然地回到家鄉服務。

「如果家鄉沒有就業機會，憑什麼要求年輕人留在部落？」

本身曾經到日本交換學習，再加上台灣人對日本文化也不陌生，如果能夠把「神社」這項傳統的日本文化介紹給台灣人，可以發展觀光，同時留住年輕人，這不是美事一樁嗎？

正是這樣的信念，身為忙碌的醫生，同時也是神社總幹事的李安琪，大力推動神社文化，讓高士神社成為全台唯一具有日本神道教祭祀的正式神社。

如今「高士神社」每年元旦及五月第一週定期舉辦例祭，神社的創辦人同時亦是神社宮司（神職人員）佐藤健一會專程飛抵台灣，主持祭祀大典。

為了能夠創造話題、推動觀光，佐藤健一將整套祭祀儀式搬來台灣，現在還有御朱印的書寫活動。二〇一九年，日本改元令和，神社推出「此生唯一一次可得到『令和元年』的現場手寫御朱印」，成功吸引大量觀光客前往。

二〇二三年五月，因為疫情停辦三年的神社祭典恢復舉辦，佐藤健一又再次風塵僕僕地飛抵台灣主持祭典，同時展現日本珍貴的龍笛演奏。

如今神社更是結合旅行社，推出高士神社套裝行程，除了販賣神社御守，也開始打造行銷屬於自己部落的農產品牌，譬如「高士太陽的香菇」，另外還有詢問度最高的「高士排灣族傳統服飾的穿著體驗」。

觀光客變多了，年輕人也願意留下來了，除了學習推廣自身的部落文化，也共同呵護屬於南台灣最美山中的祕境神社。

如同神社守護著高士族人，高士族人也守護著神社，走出了悲情，迎向屬於自己的光輝燦爛。

參考文獻

金子展也，《遠渡來台的日本諸神：日治時期的台灣神社田野踏查》，野人出版，二〇二〇年。

李仙得，《南台灣踏查手記：李仙得台灣紀行》，前衛出版社，二〇一二年。

國史館台灣文館編，《牡丹社事件史料專題翻譯（二）》，二〇〇五年十一月。

林庭葦採訪撰文，〈十九世紀擊退美軍的排灣族，是船來品大戶？羅妹號事件的考古揭密〉，中央研究院「研之有物」，二〇二一年八月十三日。

陳宗仁，〈近代台灣原住民圖像中的槍：兼論槍枝的傳入、流通與使用〉，《台大歷史學報》，二〇〇五年十二月。

周婉窈，〈從琉球人船難受害到牡丹社事件：「新」材料與多元詮釋的可能〉，《台灣風物》，第二期，二〇一五年。

陳淑美，〈被淹沒的島嶼戰史：高砂義勇隊〉，《台灣光華雜誌》，一九九九年三月。

劉香君，〈柳本通彥以V8追尋「失落的一代」〉，《台灣光華雜誌》，二〇〇一年七月。

張智琦、王顥中，〈【重探高士神社爭議】上篇：未癒的殖民之傷〉，苦勞網報導，二〇一七年六月十三日。

胡家瑜，〈博覽會與台灣原住民：殖民時期的展示政治與「他者」意象〉，《考古人類學刊》，二〇〇五年二月。

一代天皇的悲劇：台灣校園現存唯一神社銅馬，中壢高中

壹、前言

「駿馬奔騰，昂首嘶風，何其壯也。」遒勁有力金色碑文，鐫刻著不凡的過往；「迎朝暾、背夕陽」，金黃與亮紅的歲月塗抹，調和出令人驚豔的古銅光芒。這是中壢高中校門駐足的帥氣銅馬，昂首闊步、高大挺拔，伴隨著每一位莘莘學子，一起馳騁屬於自己的成長茁壯。

細讀碑文，這座日式風格的銅馬乃是神社舊物，既然是神社舊物，那又怎會出現在校園呢？我們的故事就從一位日本親王說起……。

貳、金枝玉葉？孤臣棄子？

一九一一年四月二日，代表日本殖民官媒

中壢高中神社銅馬。（圖片來源：作者自攝）

《台灣日日新報》發表一篇〈北白河宮殿下〉連載介紹文：

松林伯知特地為本社連載與本島關係匪淺的台灣神社御神靈北白川宮殿下的一生，聊酬諸君的眷顧。殿下仍名為輪王寺宮時代當時，經歷砲火槍戟，經歷一部慘澹的幕末史。任近衛師團長，以金枝玉葉之身，置身於瘴霧仍深的本島中之蕃風蕃雨，遂成就平定全島之勳業……

松林柏知為明治時期知名政治講壇作家，大作〈北白河宮殿下〉的長文連載（一九一一年四月三日—一九一二年一月二十四日），為能久親王神格化運動再次推上了高峰，同時也加強確認了台灣征服戰爭的正當意義。

透過各地的紀念碑以及每年十月二十八日的親王神社祭，再加上松林柏知文筆優美的政治宣傳，親王抱病仍堅持奮戰的偉大精神深植人心。然而古訓云「恆言其所不足」，是不是親王不夠偉大，所以才要傾全總督府之力將過世的親王捧上天際呢？

會有這樣的疑問不是沒有道理，既然是「金枝玉葉之身」，又何忍置其於瘴霧仍深的台灣蕃風蕃雨裡？打開乙未戰爭日軍攻台圖即可發現，進攻台灣的日軍主要可分為三大軍團：第一軍團由能久親王率領的近衛師從今新北市貢寮澳底登陸；其二為乃木希典中將率領，從枋寮登陸，北上進兵；其三貞愛親王率領，從澎湖出發，嘉義布袋登陸，南下進兵。這三大軍團最終於台南會師，完成征服台灣的歷史壯舉。

然而細心的讀者不難發現，征台三大軍團中，就屬貢寮澳底登陸的能久親王角色最為吃重，除了僅僅由辜顯榮領導的台北和平進城外，在三峽、新竹、八卦山區，皆遭遇台灣義勇兵的強烈抵抗；更有甚者，台灣殖民首任總督樺山資紀原本計畫只是由能久親王率領近衛師團孤軍平台，直到遭遇台灣義勇軍的猛烈抵抗後，總督府才向日本大本營要求增兵。

值得玩味的是，另外兩支軍團的加入，並不是增援能久親王的近衛師團，而是選在地勢平坦、不易遭伏擊的台灣西南平原進行掃蕩，最後再與能久親王會師台南；換言之，在樺山總督的安排下，能久親王始終是孤軍應戰，儘管最終成功抵達台南，卻也在台南身故，實在看不出親王具有松林柏知所宣傳的「金枝玉葉之身」。

明治維新以來，親王參加軍事戰役已成傳統，由於皇族親王乃「金枝玉葉之身」，一般軍事將領，即使軍階高於親王，仍然無法肆意指揮調度，更遑論直接將親王置身前線戰場。

甲午戰爭開打，前線部隊是平民出身的軍官領銜，「金枝玉葉」的親王則是在後方待命守備，能久、貞愛兩位親王屯兵遼東半島，正是親王參戰偉大形象的完美演繹；當代英國哈利王子（Prince Harry），派赴阿富汗，扮演掃蕩塔利班份子的完美形象，也是相同的宣傳概念。

然而清廷的媾和提議以及三國干涉還遼，甲午戰況並未如預期擴大，一八九五年五月八日《馬關條約》訂定之後，明治政府隨即於兩日內，火速任命樺山資紀為台灣總督，此時征清大總督小松宮彰嘉親王，命令能久親王所率領的近衛師團，直接隸屬台灣總督指揮下，候命派遣至接收台灣。

皇族血統的能久親王，竟然要聽命平民出身的樺山總督？皇族血統的能久親王，居然要率兵成為前線將軍？這一切的一切，透露出這位征台大將軍的不尋常。

據當時隨行的軍官西川虎次郎於其回憶錄中表示：「當時我近衛師團在北白川宮能久親王殿下的統御下，駐屯遼東半島，突然受命守備台灣，身著冬衣的情況下，緊急趕往台灣。當然我們當時對於台灣不僅一無所知，同時完全未預期會有戰爭。運送船被命令於蘇澳灘集合，之後依海軍的通報，決定了登陸地點。直到那時，才開始有著我們或許無法安全登陸也未可知的念頭」。

西川軍官回憶當時最感苦惱的是沒有台灣地圖。堂堂親王率領的征台大軍，居然連最基本的地圖都沒有，此時台灣民主國已經成立，各地義勇軍也蓄勢待發，那麼親王要如何挺過台灣北部山區的埋伏突擊呢？

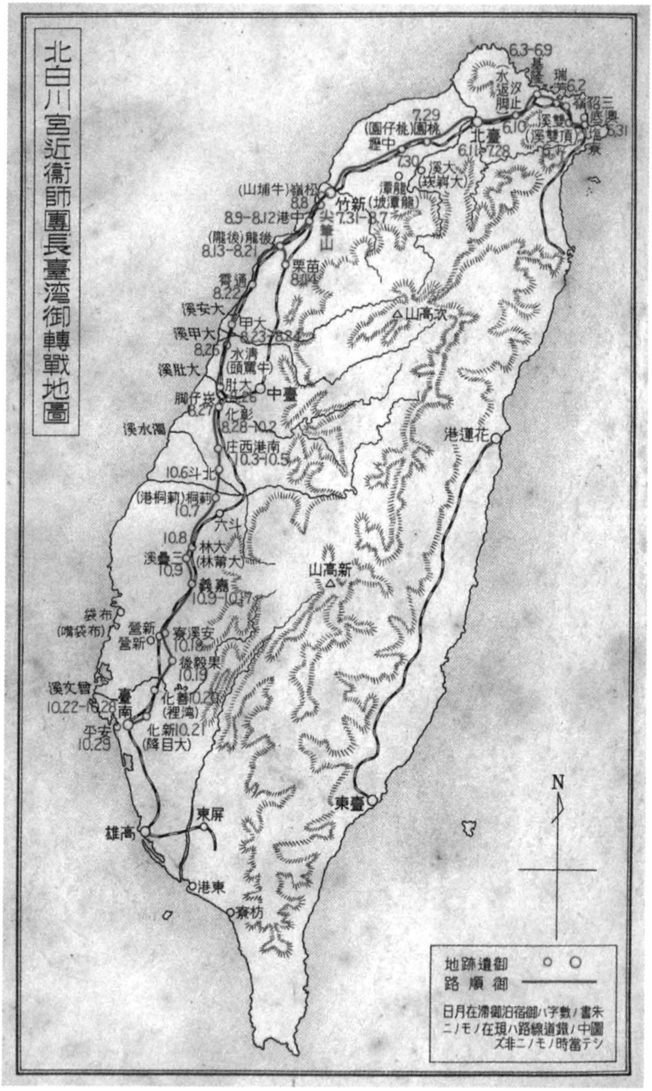

北白川宮征台的全路線圖，選擇地形最險惡的東北角登陸，幾乎是獨力把台灣島由南到北踏過一遍。（圖片來源：維基公領域）

此外，牡丹社事件中，日軍遭受風熱病的襲擊，死傷慘重；親王由北部澳底登陸一路南向，正是以皇族之尊，親身置於瘴癘猛烈的「蠻夷之地」，難道親王是金枝玉葉之身，不怕風熱病的襲擊嗎？

能久親王的命運，在大本營的聯合安排下，猶如棄子，也注定將會以悲劇結尾。事實上，同為樺山總督的安排，另為一位皇族貞愛親王的征台工作就顯得輕鬆愜意。如同表演秀般，在短暫登陸嘉義布袋掃蕩後，隔年（一八九六）貞愛親王還能代表明治天皇出席沙皇尼古拉二世的即位典禮，並於日俄戰爭中再次出征遼東半島，在國際間享有極高的聲望，最後在大正年間安然離世，原來他才是真正的「金枝玉葉」。

同為親王出身，一位是「金枝玉葉」，一位卻是「悲劇棄子」，這究竟藏有什麼天大的祕密呢？

以皇族之尊，親身置於瘴癘猛烈的蠻夷之地，「悲劇棄子」能久親王。（圖片來源：維基公領域）

參、東武天皇之幕末祕辛

這一切的一切，要回到幕末時期的風起雲湧。

黑船來日後，許多脫藩浪士不滿幕府對西方列強的屈服作為，利用幕府官員上朝的時間，多次在京都發動刺殺行動，造成政局動盪，人心惶惶，於是朝廷便向諸侯求救，最後由會津藩主松平容保，率兵前往京都，擔任京都守護職。

松平容保在壬生村（京都市中京區）招募維安新成員，是為「壬生浪士組」。這群年輕的維安武士表現出色，在池田屋騷動中，成功瓦解長州藩浪人火燒京都、挾持天皇的陰謀，於是獲得朝廷賜名「新選組」。從此之後，新選組之名名滿天下，著名的動畫、電玩遊戲「薄櫻鬼」，還有NHK所製作的大河劇，甚至是池田屋騷動所在地所改建的居酒屋，都是以新選組作為其故事主題。然而正是這支火紅的新選組，開啟了會津藩家族的悲劇模式。

由於新選組成功破獲長州藩篡逆陰謀，為了徹底殲滅長州藩勢力，會津藩主松平容保結合薩摩等公武合體派，將長州等尊皇攘夷派通通掃出京都，最後甚至促成孝明天皇下令幕府征討長州藩。儘管在長州藩三位家老切腹謝罪後，結束了幕府對長州的征討，但是遭受羞辱的長州藩依然懷恨在心，認為這一切都是會津與薩摩兩藩搞的鬼，矢言報仇血恨。

一八六七年一月三十日，孝明天皇駕崩，十六歲的明治天皇即位，歷史的巨輪駛進了全新的扉頁。經坂本龍馬的斡旋，薩摩與長州這兩家世仇居然握手言和，聯合兩藩勢力，成功說服年輕的明治天皇，支持批准推翻幕府的行動計畫。如此一來，曾經是新選組的最大功臣，維護京城秩序有功的會津藩主松平容保，一夕之間，成為倒幕派征討的頭號敵人。

在與長薩聯軍的鳥羽伏見之戰中，幕府軍慘敗，遭到背叛、真心換絕情的松平容保，只能遙望年輕天皇的身影，帶著他的新選組，隨著末代將軍德川慶喜逃往江户城；然而隨著江户無血開城，德川慶喜宣布退位，松平容保只能再次北逃，回自己的領地會津藩。

會津藩自古即為交通要道，創藩始祖保科正之，是二代將軍德川秀忠的庶子，因此會津藩一直有「守護德川將軍家」的家訓。然而當松平容保逃回東北領地時，長薩聯軍為首的維新政府軍，不僅要求仙台藩討伐會津藩，同時下達了處死松平容保的命令。

當幕末京城秩序大亂，首先響應天皇號召、為幕府分憂解勞正是會津藩主松平容保。而如今主客易位，維新政府居然要對熱血功臣松平容保趕盡殺絕，基於對松平容保的同情以及對新政府軍強烈的不信任感，於是以仙台藩為盟主的奥羽越列藩正式成立，開啟了日本近代最慘烈的內戰——戊辰戰役。

幕末諸藩的故事先說到這邊，換能久親王上場。

當維新政府軍浩浩蕩蕩開拔到江户郊區玄關——上野寬永寺（今上野公園），與擁護幕府的軍隊發生激戰，此時維新政府軍赫然發現，當今明治天皇的叔父——能久親王居然在寬永寺內，這究竟是怎麼一回事？

原來能久親王原籍為伏見宮家，於幕末時承襲「輪王寺宮」，名為公源法親王。「輪王寺宮」是上野寬永寺代代傳承的住持名號，天台宗的天海大僧獲得三代將軍家光的支持，得以在江户上野創建寬永寺，寬永寺開山不久後，即由京都迎來皇族出任歷代的「輪王寺宮」。

江户是德川家族的所在地，為何還要遠從京都迎來皇族坐鎮呢？原來天海大僧

戊辰戰爭中的薩摩藩武士。（圖片來源：維基公領域）

曾獻策德川幕府，當「西邊諸國發生叛亂企圖挾持天皇時，當奉東方寬永寺的皇族「輪王寺宮」進行平亂」。換言之，「輪王寺宮」就是東方諸侯的預備天皇，一旦西方諸侯挾持京都天皇叛亂，幕府即可擁護同樣具皇族血統的「輪王寺宮」加以抗擊，這被稱為「天海祕策」神祕武器，悄悄地在幕府內部以及東方的諸藩當中流傳。

江户時代持續兩百餘年的太平盛世，讓備位天皇「輪王寺宮」英雄無用武之地，平和地傳承十二代，正當大家快要遺忘他的存在時，薩長聯軍的喧囂震醒了寬永寺中沉睡的「輪王寺宮」。

親王張開雙眼，望向擾人的喧囂，終於目擊了時代的劇變，他是第十三代「輪王寺宮」能久親王。

「天海祕策」流傳了兩百多年，終於在末代住持能久親王身上開啟了天皇模式，身為百年安全閥的親王並沒有太多選擇；再加上原本孝明天皇支持幕府，壯年之際突然病逝，倒幕派毒殺天皇的傳言甚囂塵上，使得年輕明治天皇正當性受到質疑。

因此身為孝明天皇義弟，明治天皇叔父，又是東方諸侯的備位之選，能久親王義無反顧地接受奥羽越列藩簇擁，在江户開城後，移駕東北，踏著浪尖，正式登上歷史舞台，為東武天皇。這不是歷史偶然，而是悲劇的必然。

一八六八年十月，維新政府軍進攻會津藩。會津藩謹守為幕府盡忠的武士信仰，幾

會津若松車站右前方，兩位年輕白虎隊員的石像，手持刀刃，望向遠方，默數生命的最後悲壯。（圖片來源：Photo AC授權）

遭到維新政府軍攻陷的會津若松城，攝於1868年。（圖片來源：維基公領域）

乎是不分男女通通加入戰局，連十餘歲的小孩，也組織「白虎隊」奮勇抵抗，儘管士氣高昂，但最終仍不敵政府軍優勢武力，會津藩天守閣若松城遭到攻陷，盛極一時的新選組亦遭剿滅。城破之際，會津藩重臣西鄉賴母之母親、妻兒等二十一人為了不受辱於敵人之手，群體自殺；退守飯盛山的二十名白虎隊員，望著若松城燃起的熊熊濃煙，絕憤之餘，亦集體切腹自殺。

走出會津若松車站，右前方就是兩位年輕白虎隊員的石像，手持刀刃，望向遠方，似乎在等待死亡的沉重倒數；搭上巡迴公車，來到了飯盛山，一座座的隊員靈塔悲戚矗立，彷彿又聽聞那百年前的最後悲壯。

會津藩潰敗了，東北諸藩投降了，能久親王的天皇夢也破碎了。

親王淪為政府軍的頭號戰犯，但或許是明治天皇悲憫叔父身不由己的歷史悲命，於是由親王幕僚執事僧義觀出面扛罪，官方認定，北白川宮出任奧羽越列藩同盟盟主並成為「東武天皇」，都出自義觀教唆，而非北白川宮本意。最後義觀遭到處死，親王則是閉門自省，轟轟烈烈的戊辰戰役，外掛東西天皇爭奪大戰，至此正式畫上句點。

經過三年的禁閉，明治天皇最終還是赦免了這位叔父，北白川宮把握機會，懇求明治天皇，允許其負笈德國留學。或許因為遠離了京城的征戰喧囂，當這位曾經的天皇來到氛圍愜意浪漫的歐陸國家，在卸下了沉重的歷史包袱後，自由的空氣讓親王悄悄地與一位德國女性有了戀情，甚至大膽地訂下婚約。

然而大和民族最自豪的，就是天皇家族千年一系的高貴傳統，如今皇族成員居然與異族有了婚約，這是何等大逆不道之事。當時明治天皇震怒，下令這位荒唐的叔父立刻返國。一位曾經的天皇卻連婚姻的自由都沒有，北白川宮滿腹委屈投書德國的報紙，高調地讓大眾共同見證那令人窒息的荒謬。這樣的突襲，讓日本皇室臉上無光，北白川宮回國後再度被天皇下令禁足、閉門思過。

嚮往自在飛翔，卻如同一隻被囚禁的鳥，多次地掙扎，換來的卻是不斷地囚禁與精神虐熬。或許覺悟了，或許疲勞了，身為日本皇族，就只能蜷曲在華麗的城堡裡，任憑被安排的命運無情擁抱。

一八九五年中日甲午戰爭即將開打，北白川宮再次被啟用，晉升近衛師團長，率兵屯守遼東半島。

三十年前，他是奧羽越列藩同盟高捧上天的東武天皇；三十年後，他卻是征清軍團中前科累累的叛逆親王。身上還是厚重的冬衣，卻要馬上趕赴亞熱帶瘴癘圍繞的台灣小島；掃蕩北台灣易遭埋伏的丘陵山區卻連一張地圖都沒有，如此的詭異不尋常，看在親王的眼裡，卻是如此的平靜與尋常。這次親王不叛逆了，靜靜地迎向他生命的終點。

肆、親王之死

關於親王之死，有人說他在新竹被義軍狙擊，也有人說他在八卦山被砲彈炸傷，更有在嘉義被刺客暗殺的說法。原來親王不僅是日本軍團的棄子，更是一位衰運連連，一路被暗殺的親王，可是他究竟是怎麼死的呢？

一八七四年的牡丹社事件中，清廷派出沈葆禎率兵來台主持防務，在未與日軍開戰的情況下，感染瘴癘而死的人數多達數千人；而在同一事件中，發動方日軍戰死僅十二人，但病死者高達五百六十一人。

一八九五年甲午戰爭開打，三月日本首先派軍隊進占澎湖，死亡僅三人，但是駐守澎湖的日軍隨即爆發傳染病大流行，病死者多達一千兩百七十四人。時間來到五月，能久親王攻台，至十一月為止，日軍征台戰役的傷亡總計是：一百六十四人戰死、四千六百二十四人病死，病死者是戰死的二十八倍之多。

從上述統計資料可知，台灣熱帶氣候所潛伏的瘴癘疾病，不管對清軍還是日軍，都造成極大的死傷。事實上，跟隨能久親王征台的近衛步兵第二旅團長山根信成少將亦是在台染病身亡；時間回到一八八五年六月，攻占澎湖的法國海軍大將、遠東艦隊司令孤拔Courbet，也因霍亂病死馬公。

以目前日本公布的軍醫電文可知，能久親王到台南以後，已經連續幾天高燒不退、伴隨著心跳快速的瘧疾症狀，最終於十月二十八日上午七點十六分不治辭世。由此可知，在台灣風熱病死亡率極高的環境下，征戰台灣長達五個月的親王病逝台南，而這並不會是太令人意外的消息。

儘管是首位親王陣亡海外，但由於北白川宮棄子的尷尬身分，使得國葬典禮中，僅僅只有福島縣派出縣代表上京弔唁。福島縣即是幕末時期擁護北白川宮同時犧牲慘烈的會津藩：由犧牲慘烈之福島會津藩，弔唁悲壯棄子老長官，歷史的嗚咽在此暗自呢喃。

能久親王在台病逝，總督府治理

飯店前身，祭祀親王的「台灣神社」正面鳥居。（圖片來源：維基公領域）

台灣才正要開始，為了宣傳統治正當性，台灣總督府開始計畫興建親王神社。然而正因親王棄子的尷尬身分，神社建設案一再延宕，一直要到親王過世六年後，在台灣行政長官後藤新平的主導下，才在現今圓山飯店的位置，建立專祀親王的台灣神社。

值得關注的是：後藤新平同樣出身「敗者」東北諸藩，幼時即遭遇殘酷的戊辰戰爭，一家人從威風凜然的武士階級敗落至貧苦佃農，最後再透過自身的苦讀與勤奮努力，終於在維新政府中嶄露頭角，出任台灣行政長官。

後藤新平東北諸藩的經歷，讓他對這位悲壯的棄子天皇產生了情感上

主導推動台灣「親王信仰」的總督府行政長官後藤新平。（圖片來源：維基公領域）

台灣神社所收藏的親王物品。（圖片來源：維基公領域）

的共鳴，他不僅建立專屬於親王的台灣大社，更在親王所到之處，設立「御遺跡」，並制定每年十月二十八日為台灣神社祭，同時配合教科書的宣傳，培養台灣人奉祀親王的習慣，建立與殖民政府的統治情感。

一九八七年，當年攻打會津藩的長州藩府之山口縣荻市，推動與福島縣會津市成為友好都市，沒想到卻遭到拒絕。荻市認為，已經過了一百二十年，也應該要放下歷史的仇恨了，但會津市卻回應：還有另一個一百二十年還沒過完！

從後藤新平主政台灣下的親王補恨，到當代福島縣會津市的仇恨難消，不難看出當年戊辰戰爭所埋下愛恨糾葛，正以不同的方式，變形與醞釀。

伍、中壢神社與中壢中學

一八九五年七月三十日，能久親王夜宿中壢仁海宮媽祖廟，由於親王的行軍床損毀，順手將媽祖廟的兩扇大門架於行軍床上充作床板。在華人的習俗裡，廟宇的大門都會彩繪有門神，將門神門板拿來當床墊睡，這是大不敬之舉。三個月後，能久親王病逝台南，中壢地區的民眾都認為這是對媽祖不敬的報應。

又過了四十個年頭，日本殖民政府開始推廣皇民化運動，此時中壢地區的傳統廟宇都遭到拆除，百年古蹟仁海宮亦岌岌可危。地方仕紳吳鴻森大力宣傳仁海宮乃是親王下榻之處，並在現今仁海宮左前方「聖蹟亭」之處，建立北白川宮紀念碑。由於仁海宮是親王的神聖「御遺跡」，再加上媽祖報應的傳說繪聲繪影，中壢的日本官員便不敢拆除仁海宮，使得百年古蹟仁海宮得以成功保存。

透過吳鴻森的巧妙宣傳，中壢地區開始與親王有了連結，於是祭祀親王的中壢神社也開始著手興建。昭和十四年十月十五日，中壢神社建造完成，管理委員七人中，有一位台灣人

祭祀親王之中壢神社。（圖片來源：維基公領域）

吳鴻麟，即上文所提保護媽祖有功吳鴻森的弟弟。透過兄弟二人努力，既興建了神社，也保護了媽祖廟，成為地方的美談。

日本戰敗後，國民黨來台，拆除了神社，在原址上建立中壢高中。早期的校門口還保有神社的鳥居建築，後來校門口重新改建後，旋即遭到拆除。神社曾有一對石獅子，後來不知去向。中壢市龍岡路靠近中北路口的忠義祠門口有一對石獅，石獅腳座前面刻「奉獻」，後面刻「昭和十四年」，正是修建神社的那一年。據熟悉中壢的文史工作者考證，這對石獅就是中壢神社的石獅。

忠義祠為什麼會出現神社的石獅？這其中也有一段糾葛百年的血淚史。一八九五年，甲午戰敗，大清帝國被迫割讓台灣予日本。台灣人民有錢出錢，有力出力，成立「台灣民主國」，推舉當時巡撫唐景崧為大總統，領導台人抗日，只是沒想到眾望所託的大總統，沒多久即棄台匆匆內渡。

台北城士兵群龍無首，紛紛搶奪由全台募集而來的資金和鉅款，準備效法大總統一併逃回大清。中壢地區民眾省吃儉用，響應「台灣民主國」捐款活動，結果卻看到一群身懷鉅款，準備逃亡的清兵現身中壢，當然是氣憤難平，於是糾集了眾人，當場砍殺了這群清兵，並任由他們曝屍荒野，地方居民不忍心，蒐集這群清兵的骸骨，形成今日位於中壢後火車站的忠義祠。

由於忠義祠是陰廟，資金有限，當國民黨拆除神社之際，神社門前的兩隻石獅子無人看管，於是有人把他們偷偷移置到忠義祠。

鳥居遭拆除，石獅流落忠義祠，中壢神社早已消失在人們的記憶中；然而或許昂然闊步，雄姿英發的高大銅馬對於校園學子有積極向上的鼓勵精神，而「馬到成功」更是中文熟悉的祝福語之句，屬於神社舊物的銅馬奇蹟式地被完整保留下來。

幾經遷徙，在校方細心呵護下，銅馬重新駐足校門口，迎朝暾、背夕陽，馳騁這趟屬於中壢高中的不凡旅程。

神社改建後之中壢中學。（圖片來源：作者翻攝）

遷移至中壢忠義祠的狛犬（左），底座清晰可見「奉獻」、「昭和十四年十月字樣」（右）。（圖片來源：作者自攝）

然而當夜幕低垂，銅馬駐足遠望，如同會津白虎隊員望向遠方，是否望見屬於他們自己的百年悲壯？

中壢神社番外篇（一）

中壢神社位在南桃園，居民主要以客家人為主，大概有四十萬人，占中壢人口一半以上。為什麼中壢會有這麼多的客家人，這就要從台灣的移民歷史說起。

荷蘭人時代，為了開發台灣，在中國沿海招募了大量漢人來台開墾，福建閩南人因為地利之便，人數最多，形成台灣最早的外籍移工。

而另外一批台灣重要的外籍移工當屬客家人，然而客家人大量移入台灣則是康熙末年的事情，整整晚了將近一百年。為什麼會這樣呢？

原來客家人大部分居住在廣東省境內。廣東省的土地貧瘠、耕種不易，加上地理位置為中國遙遠的南端，自古以來就被中央朝廷當作流放犯人的地方。

唐朝著名的大文豪韓愈，因為寫了一篇文章嘲笑皇帝恭迎佛骨，皇帝暴氣，當天就把他被流放到潮州看管鱷魚。這個有許多鱷魚的潮州，就在廣東省境內。

好好一個地方，卻是用來懲罰犯人、養鱷魚，你就可以知道這個地方有多落後。為了活下去靠海的廣東居民 開始斜槓經營副業——就是當海盜。

非洲最有名的海盜是索馬利亞海盜，古代中國最有名的就是廣東海盜，這兩個地方都是最貧窮的地區，當海盜確實是不得已。

清朝統治台灣之後，為了避免台灣再度成為海盜的根據地，於是禁止海盜的故鄉——廣東居民來台灣。後來雖然逐漸解禁，但是台灣可以開墾的地方都被閩南人占領了，所以來台灣的部分廣東籍客家人，只好往台灣最尾端的美濃、潮州發展。

現今屏東「潮洲鎮」，就是來台開墾的廣東潮州客家人，以其故鄉潮州命名。而潮州與內埔之間，更是擁有全台唯一的「韓愈廟」。

各位看官或許已經猜到了；唐朝大文豪韓愈，貶官潮州時，移風易俗、興辦教育，潮州百姓為了感念他，興廟祭拜；客家人移民台灣時，也將祭拜韓愈的習俗帶來台灣。

然而美濃、潮州畢竟太偏僻、遙遠，部分客家人選擇桃園發展。桃園北部已是閩南人勢力，為了避免衝突，客家人只能前往南邊貧瘠的台地，就是現今中壢、平鎮一帶。根據中央地質調查所網站公布的資料，中壢青埔地質屬於「礫石層」，屬不適合耕作的地質。

二〇一七年桃園高鐵站中壢青埔站正式啟用，同時帶動了房價的飆漲。但是你知道嗎？兩百年前這裡可是沒人要的荒蕪之地，但是客家人的硬頸精神，硬是把這塊荒蕪地區，開墾為繁榮的市集。

時間再回到清咸豐年間。

有一支客家吳氏宗族先後渡海遷台，落籍拓墾於中壢地區。幾代經營之後，族人吳榮棣，於光緒十八年（一八九二）取中秀才後，開始造福桑梓，設私塾，培育當地學子。甲午割台後，日本人看重他的地方聲望，聘請他為中壢公學校教師。

吳榮棣秀才教育有方，育有八子三女，其中八兄弟有四位是醫生，分別為長子吳鴻森（外科醫師）、三子吳鴻麟（內科醫師）、七子吳鴻煎（齒科醫師）、八子吳鴻烹（外科醫師）。其中鴻麒、鴻麟是出生相距不到十分鐘的孿生兄弟，一起開辦了「中壢醫院」（吳鴻森故居），分掌內科、外科，也分別擔任正、副院長。

請注意長子、三子：吳鴻森、吳鴻麟，這名字好熟！

沒錯，這兩兄弟就是本文前頭提及，興建中壢神社，同時也保護了百年中壢媽祖的吳氏兄弟檔。

有趣的是，興建中壢神社的弟弟吳鴻麟，在國民政府來台後曾擔任第四屆桃園縣長；而吳鴻麟之子吳伯雄則是擔任第六屆桃園縣長；緊接著吳伯雄之子吳志揚亦是擔任第十六屆桃園縣長。祖孫三代通通擔任桃園縣長，這在台灣政治史上，不僅是空前，也是絕後了。

中壢神社番外篇（二）

國民黨來台後，將中壢神社改建為「中壢初級中學」，民國五十九年，政府推行九年義務教育，廢除初中部，形成現今的中壢高中。

不過這一所由神社所改建的中學，卻吸引了蔣介石的關注。中壢高中校史室至今還懸掛有蔣介石專門寫給學校的墨寶：

盡忠尚義、耐勞崇禮

老蔣為何寫下八個字，指定送給中壢中學師生？這當中，彷彿有段「不能說的祕密」。

故事要從蔣經國開始說起。

民國三十年蔣經國在江西推動「贛南新政，政績卓越」，有「蔣青天」美譽，接班人的態勢逐漸形成。然而就在這個時候，蔣經國卻與章亞若發生婚外情，還生下一對雙胞胎。

章亞若作風高調，雖為第三者，卻企圖拜見蔣經國的生母來取得名分，公然以「蔣夫人」名義自居，並在自己的住家掛出「蔣宅」牌子。章亞若高調、大膽的行徑，重挫蔣經國聲望，於是民間盛傳，蔣介石派遣特務，在雙胞胎出生五個月後，祕密處死情婦章亞若。

這對雙胞胎一出生即沒有母親，蔣介石對此十分愧疚。蔣介石撤台之後，也將這兩位孫子一起帶往台灣，同時安置於大溪行館附近的國中就讀，方便讓自己去探視，這所國中，就是現在中壢高中。

由於蔣經國已經與蔣方良結婚，因此這兩名私生子僅只能從母親的「章」姓，名字由蔣中正欽定為「孝嚴」、「孝慈」，與蔣經國的其他兒女一樣是「孝」字輩。

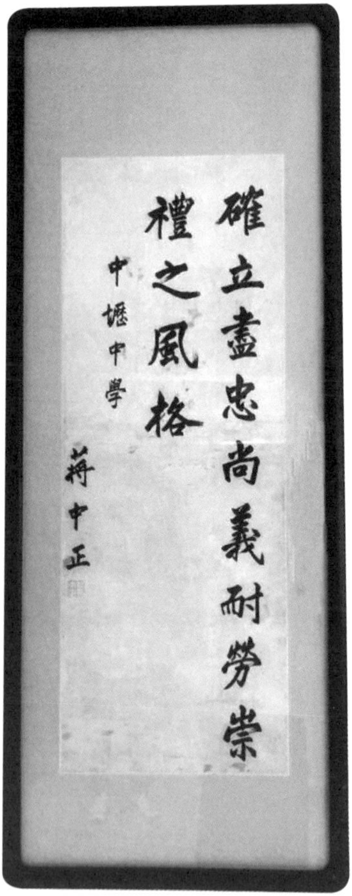

中壢中學蔣中正墨寶，現存中壢高中校史室。（圖片來源：中壢高中李皖玲老師提供）

章孝慈曾擔任東吳大學校長，後來在北京進行學術訪問時，中風死亡。章孝嚴則擔任過外交部長，後來認祖歸宗成為蔣孝嚴。

時任中壢高中校長胡劍峰表示，歷屆畢業校友名單中，確實有孝嚴、孝慈兩兄弟，但他們兩人讀的是中壢中學初中部，後來台灣實施九年義務教育，初中部就停止招生。正是因為蔣介石的金孫就讀中壢高中的初中部，校史室中才會有蔣介石墨寶。

有趣的是，認祖歸宗後的蔣孝嚴，其子蔣萬安於二〇二二年當選台北市民選第五任市長，而前文所提，擔任過桃園縣長吳伯雄，亦曾擔任台北市官派第八任市長。

從神社銅馬、蔣公墨寶、桃園縣長、台北市長，中壢高中（神社）彷彿就是一塊風水寶地，靜靜地守護每一段傲人的歷史，也靜靜地訴說每一段不凡的傳奇。

參考文獻

陳美惠，〈一八九五年日本征台遺跡：伏見宮貞愛親王之鹽水港御舍營所〉，《台灣文獻》，第五十八卷第三期，二〇〇七年。
吳佩珍，〈明治「敗者」史觀與殖民地台灣：以北白川宮征台論述為中心〉，《台灣文學研究學報》，二十期，二〇一五年四月一日。
金子展也著；陳嫺若譯，《遠渡來台的日本諸神：日治時期的台灣神社田野踏查》，野人出版，二〇二〇年。

家族興衰中的時代縮影：台灣第一所台人中學，台中一中

壹、緣起

流行服飾、精品琳琅滿目；眼鏡、體育用品商店連成一線；美食、手搖飲應有盡有：是知名「豪大雞排」的發源地，中台灣最受歡迎的學生商圈，也是青少年流行文化指標地，媲美台北西門町、東京澀谷，沒錯，這就是遠近馳名的「一中商圈」。

「一中商圈」是緊鄰台中一中的文化商圈。校門口右邊，豎立有一座昭和七年之創校紀念碑，碑文開頭即以遒勁有力的筆觸，寫下那震撼人心的創校宣言：

> 吾臺人初無中學，有則自本校始。

原來在日本統治初期的學校教育，僅在明治四十一年（一九〇八）設立台北中學校（今建國中學）；大正三年（一九一四），設立台南中學校（今台南一中），這南北兩校皆專為日人而設，台人子弟皆不得就讀。

大正二年（一九一三）以林獻堂為首的霧峰林家，聯絡全台仕紳望族共同認捐校地、經費，向台灣總督府提出專門收納台人子弟之教育中學。一年後，在總督府許可下，全台灣第一間專為台人設立的「台灣公立台中中學校」（今台中一中）創校開學。

林獻堂何許人也？

為何在他登高一呼，台灣望族迅速聚攏，短短一年，就完成這項歷史壯舉？

值得注意的是，在捐款人中，板橋林家的林熊徵亦是鉅額捐款人之一，這兩位林家，各自在一中一北，深深影響著台灣近代史的命運。

清朝台灣俗諺：「一林家，兩天下。」究竟是什麼樣的林家天下，膽敢衝撞殖民政府的教育體制，揚棄傳統的私塾教育，創立台灣第一所現代西式教育的台人中學？

我們的故事，就從清朝治理台灣說起。

貳、大清天下，兩個林家

一、霧峰林家

如果藍色海洋可以雄霸；那麼黃土大地亦可為天下。

康熙攻台後，取消海禁，開放廈門為對外貿易的窗口，洋人不必再透過台灣進行走私貿易。失去海洋貿易的台灣，有如枯槁的沙漠，荒蕪一片，再加上械鬥頻繁，台灣成為名副其實的鬼島。

但是令人驚訝的是，在這座荒蕪的鬼島上竟然發展出繁榮興盛的三大商港，一府（台南）二鹿（鹿港）三艋舺（萬華）。

原來康熙收台後，台灣雖然失去了海洋貿易的滋潤，但納入清朝版圖後，卻成為大中華貿易圈的班底成員：台灣供應中國米、糖、雜糧；從中國輸入絲織品、乾貨、藥材。在不斷成長的對口貿易下，港口市街出現了規模不等的商業集團「郊」，如以中國江浙為貿易區域的北郊，以及福建、廣東為貿易區域的南郊。

北從上海南至廣州，整條千餘里的海岸線都是台灣的貿易範圍；更有甚者，當中國發生動亂之際，因糶米而致富的霧峰林家林文察，看準了這次國難商機，奮勇出兵加入抵抗太平天國的行列。

林文察率領台灣兵勇正式西征、登陸祖國，正是大清的八旗、綠營兵被太平天國打得落花流水之際。

這批兵勇流有當年先祖渡海來台時的剽悍血統，配合台灣百餘年間的械鬥洗禮，再加上從未嚐過祖國關愛眼神的落寞孤單，讓這批說著台語口音的台籍軍隊，個個勇猛頑強，屢建奇功，勇敢向大清王朝證明，台灣不僅會械鬥打架，在祖國有難時，還能上戰場解救祖國於水火之中。

就在這樣的強烈信念下，短短五年間，首領林文察一路爬升，最後竟躍升為福建陸路提督，相當於整個福建省的陸路軍隊最高指揮官。

清代設立的陸路提督也不過十二人，林文察居然以台灣人的身分成為清朝的封疆大吏，可說是創千古未聞之奇。

之後台灣爆發戴春潮之亂，林文察亦以福建陸路提督的身分帶兵返台平亂，亂平之後，清朝賞賜林文察全福建省（包含台灣）的樟腦專賣權。

樟腦是塑膠製品尚未發明前，用以取代象牙，合成製作成撞球、假牙、餐具的重要原料。台灣當時的樟腦產量已經是世界第一，再加上福建的部分，林文察幾乎掌握了世界等級的財富。有了樟腦與戰功的加持，霧峰林家躍升為台灣中部第一大家。

正當霧峰林家用生命去換戰功、換樟腦，在北方兩百公里外，同樣靠著與中國大陸對口貿易的板橋林家也同步崛起。

有別於霧峰林家的赫赫軍功，板橋林家採用的是一套縝密的政商裙帶關係，透過大量鉅額的國難捐款，將家族事業推上了最高峰。

二、板橋林家

一八七六年牡丹社事件後，清廷任命熟悉洋務的丁日昌為福建巡撫，負責經營台灣全局。丁日昌從海防觀念出發，為台灣籌購鐵甲船、設電報線，築辦鐵路、開發煤礦等等。

然而大量的交通、工業建設需要雄厚的資本，清廷財政早已捉襟見肘，該怎麼辦呢？此時巡撫丁日昌看上了板橋林家，林家當仁不讓，馬上認捐三十六萬兩白銀。

三十六萬兩到底有多少呢？以當時台灣位階最高的軍事將領「台灣總兵」基本年薪大約六百兩為例，必須不吃不喝做滿六百年，才能抵得上板橋林家的一次認捐，林家的財力確實令人咋舌。

八年後，清法戰爭波及台灣，台灣行政長主官兵備道劉璈再度勸林家捐款，儘管林家亦是義不容辭，認捐了二十萬兩；但是八年內連連認捐了五十六萬兩，林家的財力再大也是吃不消，不得已，林家的大家長林維源只好遷居廈門，躲避官府的無盡勒索。

不久法軍進攻基隆，朝廷任命劉銘傳以巡撫銜來台抗擊法軍，缺乏軍費的劉銘傳自然還是看上實力雄厚的板橋林家。劉銘傳派人到廈門請出了林維源，林維源再度認捐了二十萬；戰爭結束後，劉銘傳正式任命為台灣巡撫，此後在劉銘傳的主政下，台灣的重大建設，都可以看到林維源的認捐身影。

行文至此，我們不免搞糊塗了，林維源不是厭倦了官府的無盡敲詐才躲到廈門避禍嗎？為什麼還要出山配合劉銘傳大力捐款呢？其實貧窮限制了我們的想像，大力捐款才是板橋林家的致富密碼。

「開山撫番」是劉銘傳主政台灣時的最大政績，他在全台廣設撫墾局，除了開墾大量的荒田供人耕種，還將原本封閉的後山（花蓮、台東），通通納為清廷管轄。

光緒十二年（一八八六），劉銘傳為了報答林家的大力金援，奏請朝廷任命林維源為「台灣撫墾大臣」獲准，撫墾總部即設立在林家的別莊，此乃主管台灣原住民與番地開墾的最高主官，凡是番地開墾丈量通通歸林家包辦。

或許有人會問，原住民的山地、荒地會有什麼價值呢？可別小看這些土地喔！

一八六〇年《北京條約》宣告台灣正式開港，英國商人杜德（John Dodd）看準北台灣的濕潤氣候，引入了福建安溪茶種植，專門生產烏龍茶，並將產品以「福爾摩沙茶」

劉銘傳，台灣首任巡撫，舉凡在台重大建設，其背後金主，即為板橋林家林維源。（圖片來源：維基公領域）

（Formosa Oolong）的名稱銷售到美國，大受歡迎，開啟了清末台灣茶外銷國際市場的貿易。

而林家所包辦丈量的原住民的山地、荒地，正是適合種植高單位價值的台灣烏龍茶。於是透過番地開墾權的掌控搭配大量茶樹的種植，林家從原本的土豪大地主，升級成為台灣最大的茶商。

據學者統計，從台灣開港到光緒年間，台灣茶葉的出口產值，高達台灣全部出口貿易額的一半，若再加上開墾荒地後的收租費用，板橋林家幾乎掌握整個台灣的財富。

林家充分運用財富捐款所產生的槓桿效應：光緒年間山西河南的旱災，板橋林家捐款高達五十二萬銀元，海內外捐款總額亦不過百萬，單單林氏一家就所有捐款金額一半以上，一個小島出身的家族，居然可以這麼有錢，確實讓滿朝大臣看傻了眼。

林維源砸錢捐款不手軟的台式阿莎力作風，連當時興辦自強運動，權傾一時的李鴻章也開始注意到這位商人。

透過劉銘傳的牽線，林維源結識了這位在中國近代史上最負盛名的北洋大臣，李鴻章將林維源介紹給當時的實業大臣盛宣懷，盛宣懷眼光獨到，馬上跟板橋林家成為親家，也邀其投資當時亞洲最大的鋼鐵企業中國漢冶萍公司。

漢冶萍公司為清末「自強運動」下的產物，遠在千里之外的台灣商人，居然也參與了晚清歷史的運作，就這樣魚幫水，水幫魚，板橋林家縝密的政商手腕，讓他打進大清王朝的決策班底，博得李鴻章的好交情，也為往後日軍據台後的家業發展進行超前部署。

台灣進士台南人施士洁在〈侍郎銜太僕寺卿林公壙志〉稱林維源在台的貢獻為：

設育嬰、葺廢墳、平陂路、創養濟院以恤窮黎，修淡水志以存文獻，闢大觀社以惠士林；大甲溪歲溺，與諸當道造浮橋，民獲安渡。督辦台灣撫墾事，凡築鐵道、開煤礦、建行省、築郡垣之役，無不參預。

俗諺云：「無奸不商。」然而靠著縝密裙帶關係致富的林維源，其慈善義舉領域遍及了兒童救濟、貧苦救濟、義渡、開路與修志等等，已經到了無役不與的境界，這在台灣，甚至是整個中國歷史，都是罕見的。

一個是朝廷的封疆大吏，一個清朝政治班底的紅頂商人，南北兩林家幾乎左右了台灣近代史的發展，「一天下，兩林家」生動地道盡兩大家族的龐大勢力。

參、日本人來了：一個林家，兩種天下

從鄭成功到林家天下，台灣已成功演繹海洋與大陸的商轉循環模式：當大陸文化衰落時，台灣就活躍於東亞海洋，靠著洋流的助力，闖蕩天涯海角；而當大陸勢力興起時，台灣亦順著磁力的吸引，游回東南岸隅，靠著海商的智慧與拓荒的剽悍，勇敢攫取這片大陸天下。

然而究竟是海洋還是大陸？台灣似乎沒有選擇的機會，一八九五年，一紙《馬關條約》，台灣又重回闊別已久的海洋懷抱，只不過東寧王國早已是過往雲煙，這片海洋是日本人控制的。

面對著台灣再度轉向海洋，憑藉著大陸天下而崛起的台灣兩林家，又該如何因應呢？是順應潮流游向東洋；還是逃離台灣，擁抱黃土大地呢？

一、妥協親日板橋林家

一九二一年四月二十日，蔣渭水在台北發起舉行盛大的歡迎會，迎接自日本返台的霧峰林家林獻堂。儘管這次赴日的「台灣議會設置請願活動」遭到東京帝國議會以「不採納」擱置，但是林獻堂勇敢挑戰台灣總督府的獨斷權威，振奮台灣知識分子的自覺靈

魂，開啟了長達近十五年的非武裝抗爭活動。

然而就在台灣知識界沉浸在勇敢自覺的喜悅中，板橋林家林熊徵卻大力抨擊：「台灣與日本同屬一國家，怎麼可以有兩個議會呢？請願運動是破壞日台融和的離譜行為。」因此敦促台灣總督府壓制請願活動。原來在海洋勢力的分化下：板橋林家熱情地擁抱日本藍海；而霧峰林家卻仍然悲壯的抵抗。兩林家至此分道揚鑣，各屬不同的天下。

林家天下的第二段故事，就從清廷割讓台灣說起。

一八九五年四月，清廷甲午戰敗，簽訂《馬關條約》將台灣割讓予日本，同年五月，唐景崧成立「台灣民主國」，一百五十天後，台灣民主國滅亡。此時台北城陷入無政府狀態，儘管板橋林家擁有私人武力，但是在亂世中富商鉅賈是被覬覦的對象，林家後代尚幼，是否全家能夠平安度厄實在是沒有把握。

此外林維源是「台灣撫墾大臣」，此為清朝二品大官，理當接受朝廷內度的指示。幾番考量之下，林維源決定放棄台灣的產業，帶領族人回到廈門。

然而此舉卻驚動了台灣總督府，因為板橋林家可說是全台指標性人物，台灣近代史的戰役捐獻，林家可說是無役不與，這麼重要的台灣家族都不願意接受日本人的統治，日本人可說是既輸了面子，也輸了裡子。

為了可以掙回顏面，總督府軟硬兼施：一方面威脅林維源，依照《馬關條約》一八九七年五月八日是「台灣住民去就決定日」，一旦決定回清國者，在台灣就不能擁有土地所有權，屆時林家將會喪失所有在台灣的家產，在台的百年奮鬥將化為烏有。

一方面總督府溫柔地承諾林維源，「李鴻章簽訂馬關條約時有交代，一定要善待板橋林家」，只要林家願意重返台灣，一定會好好照顧，絕不負李中堂所託。

在總督府的威脅利誘下，為了保護在台家產，林維源只能派遣三房回台入籍日本，同時入股總督府所扶持「台灣銀行」，成為第二大股東。然而日本人看重

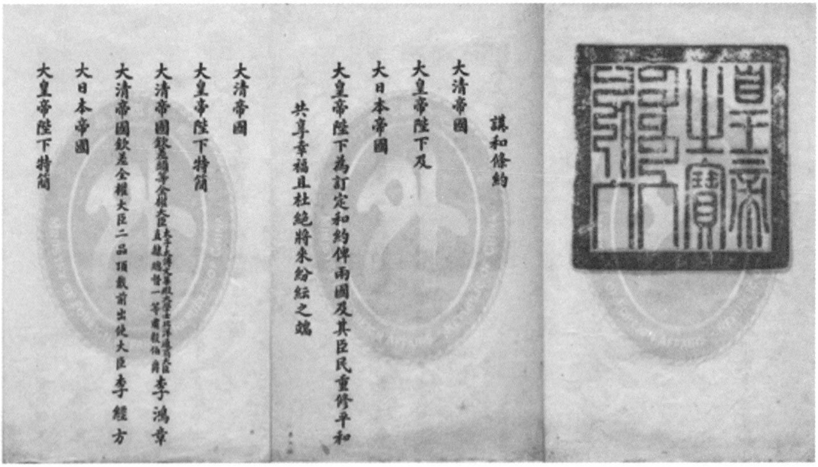

講和條約
大清帝國
大皇帝陛下及
大日本帝國
大皇帝陛下為訂定和約俾兩國及其臣民重修平和
共享幸福且杜絕將來紛紜之端
大清帝國
大皇帝陛下特簡
大清帝國欽差頭等全權大臣太子太傅文華殿大學士北洋大臣直隸總督一等肅毅伯爵李鴻章
大清帝國欽差全權大臣二品頂戴前出使大臣李經方
大日本帝國
大皇帝陛下特簡

台北故宮博物院所藏《馬關條約》正本。其中第五款規定「台灣住民去就決定日」，讓台灣富豪陷入進退兩難的局面。（圖片來源：維基公領域）

的是二房林維源這一系的影響力，但是代表林維源活躍日本政商界的次子林爾嘉卻始終拒絕加入日本籍，總督府頭痛之餘，只能轉而拉攏大房長孫林熊徵。

在日本人大力栽培下，林熊徵在台灣割讓十三年後，入籍日本，正式成為林家掌門人，同時開啟林熊徵的時代。

一九〇九年，林熊徵配合日本的製糖政策，成立「林本源製糖會社」，共同開發台灣糖業。

然而日本統治下的台灣，乃是以剝削台灣勞力、資源為目的，林家配合日本政府糖業政策，以低於成本價的價格強制向蔗農收購甘蔗。

台灣俗諺有云：「第一憨，種甘蔗給會社磅。」（第一笨的人就是種甘蔗賣給糖廠，因為根本血本無歸）就是強烈抨擊、諷刺林家糖廠的惡劣行徑。

長期被欺壓的蔗農忍無可忍，拒絕林家糖廠的低價收購，林家也不甘示弱，找來了日本警察鎮壓，終於引發一九二五年「彰化二林事件」：許多蔗農遭到日警拷打，也有人不堪凌辱而自殺，總計超過四百人被逮捕。

二林事件中，板橋林家的地位一落千丈，先前林維源時代，為國紓難、樂善好施的社會形象蕩然無存，在強大的輿論壓力之下，林家只能提高甘蔗的收購價值，再加上一戰之後的經濟大蕭條，最後林家也只能將虧損連連的糖廠轉賣給日本人。

二林事件的衝擊，讓林熊徵明白，不能在第一線充當日本剝削台人的走狗，於是林熊徵轉而將事業重心放在華南銀行。

華南銀行設立於一九一九年，同樣是由日本政府扶植，要求林家入股經營，目的是對於中國以及南洋地區（東南亞）的經濟滲透。

讀者們未免狐疑，板橋林家是靠台灣發跡，與南洋地區八竿子打不著關係，日本人為何還要門外漢的林家入股經營呢？難道是日本人的情蒐有問題嗎？

可別小看這群日本人，他們的眼光太精準了。

早在一九一二年，先前所提始終不肯入籍日本的林維源次子林爾嘉，其長子林景仁，居然親赴南洋印尼，迎娶蘇門答臘橡膠大王張耀軒的女兒張福英為妻，板橋林家正式與印尼首富結為親家，一條綿亙千里的商業海洋網路就此成形連線。

日本人精準掌握這則情報，透過林家與南洋印尼的姻親關係，讓板橋林家來經營華南銀行，接棒日本與南洋的經濟滲透，這是最完美的政治任命。而林熊徵也不負所托，他遠赴菲律賓、印尼面見南洋領袖，招募股東，為華南銀行累積雄厚的產業資本。

林熊徵出色的募資表現，讓日本人非常滿意，而雙方似乎也達成默契，林家不再擔任日本的一線打手，而是退居幕後，以雄厚的政經實力，扮演日本的政經白手套。

總督府任命林熊徵擔任台北大稻埕區長、台北州協議會員、總督府評議會員等等重

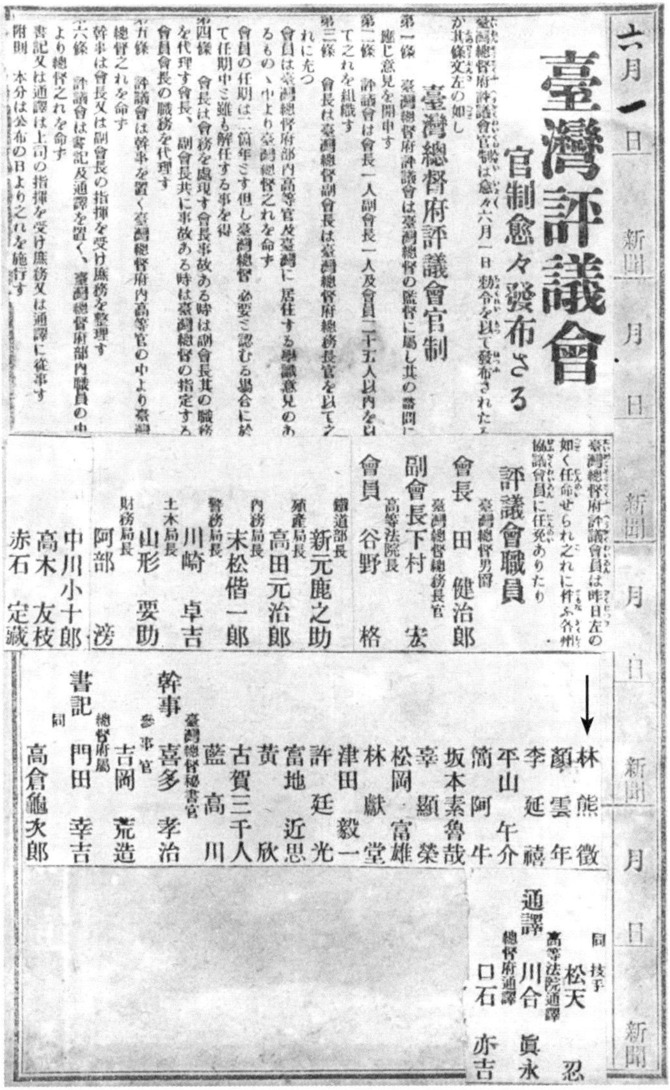
六月一日

臺灣評議會

官制愈々發布さる

臺灣總督府評議會官制は愈々六月一日勅令を以て發布されたるが其條文左の如し

臺灣總督府評議會官制

第一條　臺灣總督府評議會は臺灣總督の監督に屬し其の諮問に應じ意見を開申す

第二條　評議會は會長一人副會長一人及會員二十五人以內を以て之れを組織す

第三條　會長は臺灣總督副會長は臺灣總督府總務長官を以て之れに充つ

會員は臺灣總督府部內高等官及臺灣に居住する學識經驗のあるもの丶中より臺灣總督之れを命ず

會員の任期は二箇年とす但し臺灣總督必要と認むる場合に於て任期中と雖も解任する事を得

第四條　會長は會務を處理す會長事故ある時は副會長其の職務を代理す會長、副會長共に事故ある時は臺灣總督の指定する會員會長の職務を代理す

第五條　評議會は幹事を置く臺灣總督府內高等官の中より臺灣總督之れを命ず

幹事は會長又は副會長の指揮を受け庶務を整理す

第六條　評議會は書記及通譯を置く、臺灣總督府部內職員の中より總督之れを命ず

書記又は通譯は上司の指揮を受け庶務又は通譯に從事す

附則　本令は公布の日より之れを施行す

評議會職員

臺灣總督府評議會員は昨日左の如く任命せられ之れに伴ふ各州協議會員に任免ありたり

會長　臺灣總督男爵　田健治郎

副會長　臺灣總督府總務長官　下村宏

會員　高等法院長　谷野格

鐵道部長　新元鹿之助

殖產局長　高田元治郎

內務局長　末松偕一郎

警務局長　川崎卓吉

土木局長　山形要助

財務局長　阿部滂

中川小十郎

高木友枝

赤石定藏

林熊徵

顏雲年

李延禧

平山午介

簡阿牛

坂本素魯哉

辜顯榮

松岡富雄

林獻堂

津田毅一

許廷光

富地近思

黃欣

古賀三千人

藍高川

幹事　臺灣總督秘書官　喜多孝治

參事官　吉岡荒造

書記　總督府屬　門田幸吉

同　高倉龜次郎

同　技手　松天忍

通譯　高等法院通譯　川合眞永

總督府通譯　口石赤吉

1921年總督府評議會成立，林熊徵（箭頭處）名列評議員之一。（圖片來源：維基公領域）

要日本在台官職，同時也讓林家負責接待來台參訪日本皇族的重要任務。

日本人進一步利用林家尚留中國的政經資源，讓林家資助中國的革命事業、借款給福建軍閥，甚至入股中國的漢冶萍鋼鐵公司。

透過中國、台灣、日本、南洋的政經大串聯，林熊徵完美演繹了日本「大東亞共榮圈」的政治野心，日本人也給回報予絕對力量的支持，多次在金融危機中金援林熊徵，協助林家穩坐北台第一大家的寶位。

有了日本人力挺的絕對地位，林熊徵一系徹底發揮板橋林家長袖善舞的優良傳統：

林熊徵之父林爾康娶宣統皇帝溥儀的老師陳寶琛的妹妹。

林熊徵本人娶清末洋務運動大臣盛宣懷的女兒盛關頤。

林熊徵的姐姐林慕安嫁船政大臣、兩江總督沈葆楨之孫。

林熊徵的妹妹林慕蘭嫁知名學者嚴復（《天演論》譯者）之子。

有趣的是，透過層層綿密的聯姻網絡，弟弟林熊祥之子林衡道娶了杜聰明之女杜淑純，而杜聰明的太太出身霧峰林家，板橋與霧峰林家也藉由姻親關係連成一線。

擁有了權勢地位後，林徵熊也努力恢復父執輩所苦心攢下的社會聲望：

林熊徵提供多項獎學金，以及支持學者的研究工作，例如台灣首位醫學博士杜聰明，在京都帝國大學醫學部研究室，經費就是由林熊徵提供。

一九二三年，日本首都圈發生死傷慘重的關東大地震，傷亡人數超過十萬人，林熊徵大力捐款賑災，同時提供經費，讓在日本的台灣留學生可以返台。

另外在台灣總督府的支持下，林熊徵成立「林本源博愛醫院」，聘用總督府醫學校畢業的年輕台灣醫師，僅收取低廉的醫藥費，讓貧窮的人也能安心就醫[1]。

林熊徵種種熱心公益的作為，讓他博得慈善家的美名，因此正當板橋林家倡議成立台灣第一所台人中學時，林熊徵隨即慷慨解囊捐款「貳萬圓」。

「貳萬圓」在當時究竟有多大，我們以殖民時期台籍教師取得教諭資格者的月薪

林熊徵，日本殖民時期板橋林家代表，集慈善家、銀行家、政治家於一身。（圖片來源：維基公領域）

1 國民政府來台後，林熊徵部分資產遭到沒收，本人亦陷牢獄之災，林本源博愛醫院經營愈發困難，最終走向解散一途。一九七二年台北市政府執行道路拓寬，醫院建物遭到拆除，現今台北重慶北路福君大飯店，即是醫院原址。

二十圓為例，林熊徵的捐款是基層教師不吃不喝八十三年才能獲得的金額，林熊徵熱心公益、慈善家的美名，確實所費不貲。

二、悲壯英勇霧峰林家

西元一八六四年，清同治三年，霧峰林家、福建陸路提督林文察英勇戰歿於萬松關，同治皇帝下詔，誥授威振將軍，謚剛猛，追封「太子少保」，賜「宮保第」匾額，此一匾額至今仍懸掛於「霧峰林宮保第園區」，為台灣僅存清代一品官宅。霧峰林家第九代林俊明先生雄姿英發、器宇軒昂對著參訪的記者述說那段屬於他們林家英雄豪壯的傳奇故事。

要用多少血淚交織、多少生命的堆疊，方能換來那塊「宮保第」的無上榮耀？這份悲淚，化為家族的凝聚，世世代代激勵著林家寧死不降的堅苦剛毅。

傳統大宅院為三進，第一進為門屋，第二進是廳堂，第三進私室或閨房。庭院越深，越不得窺其堂奧，歐陽修《蝶戀花》云：「庭院深深深幾許。」正是富貴人家的寫照；而正門面寬則是兩柱為一開間。

霧峰林家在台中阿罩霧的建築群主要可分為「頂厝」、「下厝」兩大部分組成。下厝為「太子少保」林文察之子林朝棟為紀念父親偉業，於同治元年（一八六二）

所建，其中以五進的「宮保第」面寬達十一開間最為壯觀，氣派、宏大程度令人咋舌。其與下厝建築群齊名則為頂厝，此為林奠國家族在光緒年間所建。有別於下厝林家的戰功彪炳，頂厝林家建築群較為雅緻內斂，內外僅三進，其中第二進為著名林獻堂之宅邸。

1. 威猛的「下厝林家」

霧峰林家的聲威是戰功彪炳的下厝林家所攢下。從林文察、林朝棟到林祖密，這祖孫三代，均是統兵名將。甲午割台，霧峰下厝林祖密流著先祖剽悍血統，斷然拒絕日軍的招降，全心投入祖國大陸的革命大業：不僅變賣自身的產業來資助祖國彼岸孫中山的護法運動；更進一步效法當年的先祖西征，自行招募軍隊，加入中國的革命軍戰局。

然而造化弄人，就如同先祖林文察戰死沙場，民國十四年林祖密亦被軍閥張毅圍捕身亡；虎父無犬子，二年後林祖密長子林正熊為報父仇，另組軍隊擊殺軍閥張毅於今廣州中山公園，下厝林家之剽悍可見一斑。

林祖密另一子林正亨，亦是將門僑傑。他繼承林家戎馬衣鉢，加入中國遠征軍赴緬作戰，在瘴癘瀰漫的熱帶叢林中與日軍英勇纏鬥，九死一生，最終榮耀歸台。但是戰後林正亨思想開始左傾，加入台灣共黨團體，旋即為國民黨捕獲，於民國三十九年槍決於台北馬場町（今青年公園一帶），林家的悲壯，彷彿是宿命。

從先祖林文察到被國民黨槍斃的林正亨，林家世世代代皆為祖國大陸馬革裹屍、捐軀沙場，堪稱一門英烈、大義精忠，其激昂慷慨不禁令人拉淚再三、悲戚哽咽。

然而林文察尚有戰功加持，有著大清陸路提督的榮耀；但自林祖密以降，台灣易手後成為孤臣的林家，不僅沒有戰功的榮耀，其子林政亨更是被當作政治犯處死，終身背負匪諜的羞恥辱名，霧峰林家下厝就此落沒，只留下歷史的沉重喟嘆。

2. 文化抗日的「頂厝林家」

有別於下厝林家的悲壯激昂，頂厝林家在宗族長林獻堂的帶領下，透過體制內的憲政革新，走向非武裝的文化抗日運動。

甲午割台後，霧峰林家面對變局，下厝系林朝棟決定內渡，頂厝系則在林獻堂祖母羅太夫人安排下，決定親自留台堅守祖業，其餘家人四十餘口由林獻堂率領，暫時前往泉州避難。

兩年後，林獻堂帶領族人重返台灣，隨後正式承繼家業，這一年，他十九歲。

南北兩林家先後回台處理家業，並且歸化為日本籍，台灣總督府一度為此沾沾自喜。然而總督府不知道的是，眼前這位文質彬彬的年輕族長，將在二十年後率領台灣人，遠赴日本國會，掀起波瀾壯闊的請願活動，把專橫的台灣總督府搞得灰頭土臉。

此時總督府才赫然發現，看似溫和的頂厝林家，先祖們的剽悍、豪壯依舊在他們的骨子、血液裡奔放流竄。

明治四十年（一九〇七），二十六歲的林獻堂首遊東京，返台前途經奈良，巧遇當時因戊戌政變逃亡日本的中國大思想家梁啟超。儘管雙方語言不通，但是透過中文書寫，台灣與中國的兩大思想家依舊邂逅了一段美麗的歷史佳話。

林獻堂把心中對台灣前途的疑惑，就教於梁啟超。梁啟超坦白告知：

> 中國內憂外患的處境自顧不暇，三十年內絕無餘力幫助台人爭取自由，故奉勸台人同胞切勿輕舉妄動，從事不必要的犧牲抗爭，應效法愛爾蘭人與英國朝野交往，

林獻堂，霧峰頂厝林家領導人。（圖片來源：維基公領域）

逐步取得在國會中的議席，增添自身影響力，進而與英國分庭抗禮。

梁啟超一番話，林獻堂深受感動，當面邀請梁啟超在適當的時機訪問台灣。而梁啟超的意見，也成為林獻堂後來推動「台灣議會設置請願運動」的濫觴。

(1) 噍吧哖事件衝擊

一九一五年台南玉井鄉（噍吧哖）發生大規模武裝抗日事件，起事民眾攻擊日本派出所、官舍，一時聲勢浩大。

然而這場由余清芳所領導的抗日活動，乃是類似「中國義和團」的迷信內容作為號召，宣稱齋戒、念咒，就可以槍不入、避免一切瘟災。如此狂熱的宗教式活動，在冷兵器時代或有可為，但是面對已經具備現代化火砲的日本軍隊，實則不堪一擊。

總督府在召集正規軍隊後開始反攻，除了殲滅肇事分子外，為了殺雞儆猴，日軍在台南當地進行了多場無差別屠殺，造成無辜民眾大規模傷亡。

百年後，根據中研院對事變地點所在地進行户籍調查，從一九一五年七月到一九一七年十二月，人口總數竟大幅減少了三分之一，死傷慘重。

噍吧哖事件的大規模傷亡，讓台灣知識分子開始思索武裝抗日的必要性，梁啟超所傳授的「愛爾蘭經驗」，便成為台灣走向非武力抗爭的重要媒介。

然而在噍吧哖事件中，大量無知的百姓淪為「台式義和團」悲劇下的犧牲品，如何教導民眾放棄武力抗爭？如何教導民眾設置「台灣議會」抗衡總督府？便是林獻堂念茲在茲的重要任務。

台灣前途靠教育！

就是這樣的歷史巧合：一九一五年，也就是噍吧哖事件的震撼年，林獻堂成立了「台中一中」。

(2)公立台中中學校

大正元年（一九一二）春天，噍吧哖事件的前三年。

台南西來庵為余清芳宣揚其宗教的抗日行動處，今台南市青年路121號附近。（圖片來源：維基公領域）

林獻堂的祖母，也就是甲午割台時，那位勇敢留在台灣守護林家產業的羅太夫人，適逢八秩大壽，林家本欲撥款萬金辦理慈善事業為夫人祝壽，不過為了使祝壽更具意義，最後決定要創立一所收納台灣子弟的私立中學。

此時日本統治台灣已邁入第十七個年頭，為了維護日人治台的優越性，總督府於一八九八年成立「國語學校第四附屬學校尋常中等科」（今建國中學），以及一九一四年成立「總督府台南中學校」（今台南二中），此為台灣僅有的兩所中學，專供日人子弟就讀，台籍學生若要上中學，只能將子女送到日本內地，或海峽對岸的福建學校就讀。

負笈遠渡，所費不貲，僅有少數富裕家庭可以負擔，一般的台灣民眾根本沒有中等學校的受教權，這本是殖民政府刻意為之的愚民政策，林家想要在日本的教育體制外，另外成立一所專為台人就讀的中等學校談何容易。

然而歷史的契機卻為台灣第一所中學的成立提供了機會。

一九〇五年九月東京爆發了「日比谷燒打事件」：原來在日俄戰爭中，日本傷亡慘重，但是身為戰勝國的日本，得不到任何賠款。

憤怒的民眾聚集在東京「日比谷公園」舉行抗議大會，最後情緒失控演變成暴動，內務大臣官邸、兩百多個派出所都遭到群眾攻擊，東京陷入無政府狀態，最後政府下令戒嚴、出動軍警才平息。

這是日本在明治維新後，日本民眾第一次以示威方示向專制政府表達不滿，挑戰舊結構與舊秩序，也間接促成明治時期第一位文人出身的西園寺公望出任內閣首相。

八年後，長洲軍閥出身的桂太郎逼迫首位文人首相西園寺公望下台，再由桂太郎接續組閣。桂太郎蠻橫的舉動引起輿論譁然，上萬民眾街頭聚集，高喊「擁護憲法、打倒藩閥」的抗議口號，在強大的群眾壓力下，強悍的軍閥桂太郎居然只能匆匆下台。

連續兩起群眾運動，可以逼迫專治的日本政府妥協讓步，甚至是

「日比谷燒打事件」中，東京街頭抗議群眾。（圖片來源：維基公領域）

倒閣下台，這看在被台灣總督府壓迫的林獻堂等人眼裡，簡直是不可思議，大伙在驚訝羨慕之餘，也開始思考梁啟超所謂「愛爾蘭經驗」的可行性。

此時東風具備，只需要一位勇敢的黃蓋，向總督府投擲成「台人中學」的請願火把，那麼必定可以星火燎原，勢不可擋。於是以剽悍出名的霧峰林家執行了這項歷史任務。

林獻堂一馬當先，居中運作，結合板橋林家、鹿港辜家，共同捐款、捐地向時任台灣總督的佐久間左馬太請願，希冀成立一所專收台人子弟的私人中學。

台中一中創校時校舍鳥瞰。（圖片來源：維基公領域）

林獻堂等人大膽地向專制的總督府索討教育權，這本是「不可能的任務」，但是在大正時期日本民主浪潮的席捲下，總督府竟也不敢怠慢，幾經折衝波折，最後改為台人出錢，建築校舍，捐獻政府，由總督府設立，以專收台人子弟為條件的「公立台中中學校」的妥協案終獲成立。

「公立台中中學校」的設立，是日本殖民時代，台灣首次以請願的方式，挑戰官方體制，把日本統治者的教育權力，拿回台人自己手中。這樣的歷史壯舉，實踐了梁啟超非暴力抗爭的理論，也將林獻堂推上了民意的高峰。

日本殖民時代的學制以四月為學期開始，由於創校伊始，籌備不及，乃延一個月至五月一日開學，現今台中一中校慶為五月一日，即源自此。

然而正當大夥洋溢在創校成功的喜悅之中，兩個月後，台南玉井即爆發死傷慘重的噍吧哖事件。

(3) 走出悲情的台灣人

台灣第一所台人中學甫成立，大量窮苦無知的百姓卻淪為「台式義和團」悲劇下的犧牲品。林獻堂明白，光靠一所「台中一中」還不夠，台灣必須要有自己的議會，才能夠制衡台灣總督府，也才能避免悲劇再度發生。

一九二一年一月三十日，林獻堂不顧總督府的阻撓反對，率領旅日與在台民眾一百七十八人聯名簽署，向東京帝國議會提出《台灣議會設置請願書》。

儘管後來功敗垂成，但是林獻堂的壯舉已掀起台灣波瀾壯闊的請願活動，前後長達十四年、十五次，成功創造國際輿論，把專橫的台灣總督府搞得灰頭土臉，也再度向日本人證明，霧峰林家絕不是吃素的。

同年十月，蔣渭水主導「台灣文化協會」成立，奉林獻堂為協會總理。

《台灣文化協會旨趣書》云：

台灣議會請願團抵達東京車站時，與前來歡迎的當地台灣留學生共同合影，攝於1924年。（圖片來源：維基公領域）

日本海之水實通歐美，台灣海峽實為東西南北船舶往來之關門，同時世界思潮遲早必見匯合。

從日本成功經驗的啟示，海洋乃匯通西方文明、國家富強的必要途徑；而台灣位居東西南北船舶往來之關門，如何精進提升台灣文化，迎向世界，乃是日本殖民下的台灣最迫切之事。

此時林獻堂已成為民意領袖，他明白，能力越大，責任越大。在林獻堂的大力金援下，「台灣文化協會」或演講、或辦報、或創作歌曲，一時全島洋溢台人自我耕耘的美麗歌聲：

台灣台灣咱台灣，海真闊，山真高，
大船小船的路站，遠來人客講你美，
日月潭，阿里山。

當時明朝鄭國姓，愛救國，建帝都，

開墾經營大計謀，上天特別相看顧，
美麗島，是寶庫。

高砂島，天真清，西近福建省，
九州東北平，山內兄弟尚細漢，
燭仔火，換電燈。

大家心肝著和平，石頭拾倚來相供，
東洋瑞士穩當成，雲極白，山極明，
高砂島，天真清。

節錄《咱台灣》

這首台語吟唱的歌曲《咱台灣》（YouTube有錄音檔），由同為協會的成員蔡培火填詞作曲，把當時台灣的文化精神表現的淋漓盡致。

歌詞提到「大船小船的路站」，已呈現出台灣為海島國家的特色；「當時明朝鄭國姓，愛救國，建帝都」，台灣更是鄭成功勇敢抵抗大清皇朝的歷史帝都，大有獨立於歷史中國之外的味道。

然而接下來二百年的清朝統治，雖然經歷大大小小的民變與鎮壓，卻又是難以割捨的血緣樞紐，而如今再度易手，歸予日本殖民，台灣的祖國究竟是誰？

《馬關條約》迎來次年的乙未戰爭，台灣人民奮勇抵抗日軍的接收，死傷慘重；緊接著西來庵事件、霧社事件，犧牲慘烈的武裝抗日，規模等級不輸清朝統治下的民變，反抗、鎮壓、屠殺，宿命般的歷史循環不斷地在此上演。

不過蔡培火卻跳過這段哀傷的記憶，因為他在專橫的帝國殖民中看到了希望。

A. 燈火通明的台灣

蔡培火是受林獻堂資助留學東京的台籍學生。東京，這座亞洲最進步的城市，漫步在銀座街區，整齊的街道、乾淨的市容，電車、百貨公司等應有盡有，到了夜晚，點亮了路燈，絢麗的光影，彷彿讓人置身夢幻之中。

這位台灣留學生，有如動畫電影《你的名字》中樸實小鎮的宮水三葉，與大廈林立、熱鬧繁華的東京男孩立花瀧交換靈魂時所產生衝擊震撼，久久無法自已。

台灣最早的電力設備源於巡撫劉銘傳時期，透過小型蒸氣燃煤發電機，點亮台北城的第一盞路燈，但苦於經費，僅勉強維持月餘便走入歷史。進接著日本專橫的台灣總督府接手，開啟了台灣電力的輝煌年代：

一九三四年（昭和九年），亞洲第一、世界第七的日月潭發電廠完工，發電量占全台灣七成以上；一九三九年的北部火力發電（八斗子小半島的頸部）竣工，為當時日本以外，亞洲最大最新的燃煤火力電廠。至此台灣本島的主要都市在夜裡早已是亮麗一片，蔡培火所歌頌的「燭仔火，換電燈」講述的就是台灣這項光明的驕傲。

B. 東洋瑞士的台灣

台灣是位處大陸東南隅的海島國家，有沒有可能透過台灣串起中國與海洋的連結，進行帶動中國的文化進步？

「西近福建省，九州東北平」，蔡培火特地強調台灣是位於大陸與海洋日本的樞紐，往西是大陸福建，往東北是日本九州；而台灣人民懂漢文、習日語，把台灣當作是中國大陸的窗口，將海洋文明的先進介紹給中國，這不僅是種理想，而隨著日軍在中國戰場上的節節勝利，開始付之實踐成為可能。

懂得漢文的台灣人民進入到中國東北滿州國、上海擔任翻譯、經商，已是當時的流行趨勢：

大家熟悉「倒在血泊裡的筆耕者」鍾理和，因為愛上同姓的表妹鍾台妹遭到家族反對，憤而帶著台妹遠赴中國東北工作；國民黨大老連戰的爺爺連橫，其大女兒連夏甸也是隨著夫婿林柏奏前往中國上海工作，台大中文系著名學者林文月即為連夏甸女兒，出生於上海日本租界。

台灣第一位醫學博士杜聰明與其總督府醫學校（台大醫學院前身）學弟蔣渭水，更是將台灣與中國的聯繫推至極致：一九一三年兩人因為對中華民國大總統袁世凱的行為感到不滿，遠赴北京，欲將霍亂病原投入水源刺殺袁世凱，可惜水廠戒備森林，功敗垂成。

蔣渭水，出身台灣宜蘭的醫師、民族運動者，國道五號，即北宜高速公路，即命名為「蔣渭水高速公路」。（圖片來源：維基公領域）

杜蔣兩人都是台灣最高階醫學校的知識分子，竟願意用其所學，投身於恐怖暗殺的行列，其行徑雖然瘋狂，但亦可窺見其自信與激昂。也就是說，儘管日本殖民台灣存在著種種不合理，但是知識分子卻相當樂觀：台灣人民可以至日本留學，學習先進的東洋技術；亦可至中國發展，將先進的文明介紹回大陸；甚至密謀刺殺袁世凱，直接影響中國政局。

加上公衛專家後藤新平的努力，台灣許多嚴重傳染病獲得控制，台灣早已不是清領時期人人嫌惡的鬼島，「東洋瑞士穩當成」，而是一定可以成為人人稱羨的東洋瑞士。

瑞士是當時歐洲的經濟發達、風景秀麗中立國，台灣可以成為東洋的瑞士，除了經濟成就，更重要的是台灣永保和平安定的期許。

林獻堂時代的台灣人，捨棄了歷史宿命的循環哀傷，憑藉著洋流的波浪，勇敢地迎向日本開化文明；同時亦回游回東南岸隅，串起台灣與大陸的連繫。換言之，在日本殖民統治的專橫下，可以用非暴力的手段，充滿自信地尋找屬於台灣人民的尊嚴與未來的願景。

C. 台中一中的驕傲

具《台中一中八十年史》記載，台中一中從一九一五年設校到一九三〇年的十五年間，畢業生有六九二名，其中日籍學生只有十七名，可知台灣學生確實是一中的主要成員。

殖民時代的歧視教育，乃是以日本學生為主的學校稱為第一中學，台灣學生就讀的學校稱第二中學。例如，台北一中（今台北市立建國高級中學）、台南一中（今國立台南第一高級中學），皆是以日本學生為主的學校。

一九二二年二月，總督府在台中地區成一間專收日籍學生的中學校，由於林獻堂等人所創建的「公立台中中學校」在先，依照時間邏輯，將專收日籍學生的學校命名為「台中州立台中第二中學校」（今台中二中前身），而「公立台中中學校」則是更名為「台中州立台中第一中學校」。

然而不久後，總督府發現這樣的命名失誤，一度打算將兩所學校的校名對調。好在天佑一中，時任一中第二任校長「小豆澤英男」，以辭職作要脅，堅決反對總督府這樣的歧視命名。

在校長的堅持下，最後「台中第一中學校」的校名被完整保留下來，成為當時全台唯一掛名「一中」卻是專收台籍子弟之學校。

兩年後，一九二三年四月，時為皇太子的昭和天皇來台灣巡視，在台中一中校庭接見台中州內各中等學校學生。

「台中州立第二中學校」的校長柳澤久太郎認為二中學生大多是日本人，應該優先接受皇太子的垂詢。小豆澤校長則堅持應該公平對待台灣學生和日本學生，最後乃是依學校校名的先後順序，讓一中學生優先和皇太子見面。

一位日籍校長，竟然處處以台灣學生的尊嚴作為優先考量，在蠻橫的日本殖民體制下，確實是不可思議的驚豔；但也不得不說，這是林獻堂等人共同努力的成果，才讓這位令人敬重的小豆澤校長，看到台灣學生的尊嚴。

台中一中，讓霧峰林家再次創造屬於台灣人的剽悍奇蹟。

只可惜好景不常，隨著太平洋戰爭的爆發，美麗的寶島非但無法成為東洋的瑞士，更直接捲入戰爭當中，成為美軍轟炸的目標；而隨著南洋戰爭的擴大，台籍日本兵也開始加入砲灰的行列。

為了應付中國戰場以及太平洋戰爭，日本開始推行皇民化與奉公會運動，將台灣人民改造為以信仰天皇為中心，驅使青年加入皇軍，送上戰場。由林獻堂等人所領導、贊助的台灣自覺運動遭到強力的打壓與禁止；更有甚者，總督府要求林獻堂作為政令宣傳的重要幹部，並要求大力的金錢捐獻。總督府透過一系列對於霧峰林家親族的打壓來逼林獻堂就範，迫於無奈，林獻堂只能被動地接受。

沒想到這些被迫與日本合作的種種作為，竟成為國民政府來台後的漢奸指控。

肆、祖國來了

歷史的巨輪快速行駛，時間來到日本戰敗，國民黨接收台灣。領導民族運動對抗日本長達二十年的林獻堂，卻在魂縈夢牽的「祖國」來了之後，卻被打成了漢奸，儘管透過多方奔走才得以脫身，但隨後爆發二二八事件，卻讓林獻堂陷入可怕的黑暗深淵。

為了維護地方秩序，台灣仕紳組成「二二八事件處理委員會」，林獻堂眾望所歸，當選常務委員，名列第一。結果陳儀長官公署卻宣布該委員會為非法組織，開始搜捕成員，林獻堂多位好友被捕罹難，好在事變之時，林獻堂因為保護時任財政處長的政府高官嚴家淦，才又幸免於難。

兩次重大的打擊，林獻堂已經對祖國不抱任何希望。

一九四九年九月，林獻堂因祖國的歸來，離開他最心愛的故鄉台灣；而收留他的，竟是他一輩子對抗的日本，歷史的荒謬，莫過於此。

林獻堂自署東京居處為「遁樓」，這無疑是最悲痛的自我放逐。同年在台國民黨推動「三七五減租」，擁有廣大地產的霧峰林家首當其衝，大量的土地被迫降價減租。有人以為林獻堂避居日本，就是對當時進行的土地改革不滿，然而這種說法，無疑是對林獻堂人格最大的謀殺。

霧峰林家可以散盡家產，只為了援助祖國大陸孫中山的護法運動；霧峰林家可以金援台灣民族運動，卻堅持不成立由日本政府扶持的剝削企業。下厝、頂厝這兩支霧峰林家，流有先祖豪傑般的慷慨激昂，畢生任俠捐輸，林獻堂豈會在乎區區的「三七五減租」？

那麼代表霧峰林家林獻堂離台的原因是什麼？

埋頭人不見，豈是為逃名？衹恐渾荊棘，徒傷雪玉清。

這是林獻堂名為《菜頭》的詩作。「菜頭」是「蘿蔔」的閩南語說法，全詩大意為：蘿蔔的根部埋於土中，豈是為了獲得遁隱的名聲？原來只是擔心蘿蔔雪白的球根，會被地面上渾雜的荊棘給弄傷！

蘿蔔是林獻堂的自喻，全詩不難讀出他的擔慮。

以他的個性續留台灣，肯定與國民黨發生齟齬，再加上他曾有「漢奸」與「二二八」的案底，若不流亡海外，接踵而來的白色恐怖，恐怕是難以置身事外，屆時可當真要「徒傷雪玉清」！

林獻堂孤身寄寓扶桑，從此未再回台灣。

一九五五年七月，他的次子林猶龍在台病逝，林獻堂雖哀慟至極，卻仍無歸意。

一九五六年九月八日，林獻堂客死異鄉，享壽七十四歲。

伍、尾聲

一九四九國民政府正式遷台，台中一中創校紀念碑依然挺立，只不過尾末的時間紀年昭和七年，不知何時被人塗抹，修改為民國二十一年。

二〇一八年，台中市政府推出「文化城中城歷史現場告示牌」計畫，其中一塊設立在台中一中北側門，告示牌標題為：

肉身阻擋軍隊的校長

原來二二八事件中，國軍二十一師進入台中市區，到處逮捕仕紳。軍方懷疑台中一中藏匿人犯，以軍車架機槍欲從台中一中北側門進入校園搜捕。就在這危急的時刻，時任台中一中校長金樹榮，現身阻擋軍車，擔保校內無任何人參與非法活動，全校師生因而免於遭軍隊搜捕。

在省籍對立的年代，身為外省籍的金樹榮校長，卻願意獻身保護他「一中」的台籍師生，確實令人動容；也不禁令人想起，殖民時期，處處保護一中師生的日籍校長「小豆澤英男」，這就是讓台灣人驕傲的「台中一中」。

「台中一中」今猶在，那曾經引領全台風騷的「霧峰林家」呢？

二〇一四年台中霧峰「林家花園」古厝修復完成，在試營運階段，爆發林家管理權爭執的暴力事件，檢方偵辦之後，依傷害罪嫌起訴林義德兄弟。

二〇二二年霧峰林家林獻堂曾孫林明洋，被控詐欺、欠債，信義區豪宅遭到法院查封。

反觀板橋林家，富比士雜誌公布出身「板橋林家」，時任華南金控董事長的林明成身價淨值十二億美元，居二〇〇八年台灣第二十名。

板橋依舊擁有天下，霧峰依舊擁有悲壯。

參考文獻

許雪姬編著，《霧峰林家相關人物訪問紀錄》，下厝篇，台中縣立文化中心，一九九八年六月。

鄭頎，〈再探公立台中中學校建校運動：以捐款人群體為核心的觀察〉，《數位典藏與數位人文》，第八期，二〇二一年十月。

尹章義，〈日本殖民台灣時期台灣人的國籍與認同問題〉，《歷史月刊》，一六六期，二〇〇一年十一月。

許雪姬，〈台灣總督府的「協力者」林熊徵／日據時期板橋林家研究之二〉，《近代史研究所集刊》，二十三下期，一九九四年六月。

李明道，《從林成祖到林本源：清代板橋的族群關係》，台灣師範大學台灣史研究所碩士學位論文，二〇一八年。

番外篇：沒來過台灣的他們，如今竟然落腳在台灣

流落台灣的日本神明：媽祖廟裡的空海大師

壹、楔子

台灣地價最貴的廟宇，台北西門町天后宮。

走出西門捷運站，順著Google的指引，來到成都路的騎樓；還來不及反應，店家隔壁即是西門町天后宮。鑽進廟內，有如武陵人初入桃花源，台北市的喧囂頓時消消雲散，廟裡完全是另一個世界：

小小的中庭裡，中國傳統龍柱、石獅，這是艋舺新興宮搬來的清代古物；與正殿相對的後方迴廊，日式風格石佛群，這是廟宇前身日本弘法寺的遺物。

清代文物、日本殖民，再加上當代台北，三種不同的時空交錯，宛如小小博物館，靜靜地展示台灣百年歷史。

然而，其中最特別的是，參拜完正殿媽祖，走入左側殿，迎面而來的竟是一位身披袈裟、手持佛珠的盤坐僧人。這尊風格迥異、少見於其他宮廟的神明，其實是日本桓武天皇第十六次遣唐僧：空海大師。在這裡，祂與媽祖感動相遇了，共同聆聽信眾們虔誠的祝禱。

空海大師到底是誰？如此突兀又和諧的神明組合，是怎麼出現的呢？

事實上，這位日本僧人可是大有來頭：在飄洋過海來到台灣之前，他曾歷經了千難

全台唯一與台灣媽祖合祀的日本神明，台北天后宮空海大師。（圖片來源：作者自攝）

萬險才橫越海峽踏足唐土、修習佛法，成為日本歷史上最傳奇的高僧之一。

如此突兀又和諧的神明組合，究竟是怎麼樣的精彩故事呢？

貳、空海大師的成長

日本光仁天皇年間，香川縣一户人家誕生了一個小男嬰，父母親將他取了一個特別的名字「真魚」。說起這位真魚男孩的故鄉大家肯定不陌生，因為香川縣自古就是讚岐國的所在地，鼎鼎大名的「讚岐烏龍麵」發源地就在這裡。

日本是一個漁業島國，香川縣又緊鄰美麗的瀨户內海，為兒子命名為真魚，或許是寄寓一輩子不愁吃魚的祝福吧！有了烏龍麵，亦有食用之魚，我們故事的主角，就在美食饗宴的氛圍中，華麗登場。

真魚因為聰明穎悟，從小就被左鄰右舍稱之為「神童」。父母親似乎也隱約感受到小真魚的非比尋常，於是又給小男孩另一個稱號——「貴物」。

「貴物」男孩除了資賦優異外，還有一項特別的祕密武器，那就是舅舅阿刀大足。舅舅阿刀是當朝桓武天皇第三皇子伊予親王的講授老師。能夠當上皇子老師，除了顯赫的家世外，淵博的學問自然是必要的條件。

在淵博舅舅細心引導下，幾年後，貴物揚起風帆，沿著美麗的瀨戶內海，向東前往日本最繁華的所在奈良京城之最高學府「大學寮」深造繼續，這一年他才十五歲。

正當貴物在京城安頓好，準備就學之際，卻被告知自己並不在入學名單中，這是怎麼一回事？原來是父親的官階不夠，不符合新式的入學標準。

好在貴物並沒有喪志，為了不要蹉跎光陰，他向奈良城的漢語專家學習唐語，這為他將來成為遣唐使一員，提供了必要的獲選條件。此外，貴物也努力學習王羲之的行書，二十年後，正是這樣從小扎根的美麗行書，讓大唐官員為之傾倒。

透過舅舅的奔走，三年後，貴物終於進入了大學就讀，然而當時的朝政遭到藤原家族所把持，即使將來畢業在朝為官，也只是一般的低階官員，那麼辛苦遠離家鄉來到京城求學究竟是為了什麼？

為了思索存在價值，貴物遁跡山林，苦學摸索，在嚴寒、酷暑、饑渴、疲憊的考驗下，貴物徹底脫落了身心、了悟了人生。

天皇延曆十六年，貴物完成了日本第一部對儒釋道三教批判的著作《三教指歸》，這一年他二十四歲。

特別的是，《三教指歸》是用優雅的駢體文書寫，詞藻華美、句式靈動、用典紛繁，充分展現出貴物極高的文學造詣和過人的才學，實在是不愧其貴物之譽。

一年後，貴物正式放棄了大學學業，剃度出家，法號「空海」。我們空海大師的稱號就此登場。

參、渡海赴唐，西進求法

空海以佛門「密宗」作為真正的心靈歸所，《大日經》正是密宗最重要的經典。空海失望的發現，全日本竟沒有人可以將此經講解明白，於是，空海萌生前法大唐求法的念頭。

由日本西渡大唐，必須加入「遣唐使」集體橫越，單憑個人之力無法達成。此時桓武天皇正進行第十六次遣唐使的甄選工作，可惜空海只是一位名不見經傳的小和尚，無法成為遣唐使的候選名單。

桓武天皇延歷二十二年，載滿遣唐使的四艘大船從難波津出港，落選的空海失望在港口徘徊嘆息。要知道，至少要再十年以上，才會有下一輪的遣唐使團，此時空海已經是而立之年了，人生還能有幾個十年可以等待呢？

幾天後，朝廷傳來消息，遣唐使船在海上遭遇風暴，多有死傷，使團出現大量的缺額，精通唐語的空海，這次終於成功地遞補上了。

一場船難，讓原本已經出局的空海，重新先發上場，如此神祕的巧合，實在讓人嘖嘖稱奇。

幾個月後，日本第十六次遣唐使團，再次率領著四艘船，由難波津出港，空海與大使團長藤原葛野麻呂共同乘坐一號船，正式踏上赴唐的旅程。然而出發後沒多久，一場暴風雨便襲擊了他們，經過一夜摧殘，其他三艘船早已沒了蹤跡，僅僅剩下一號船，孤獨地漂泊在大海之中。

最後空海的一號船幸運地抵達大唐國土，不過並不是原本預計的蘇州，而是遠離長安城數千公里外的福州赤岸鎮（今福建霞浦縣）。

福建赤岸鎮已是大唐疆域的國境之南，從來沒有日本遣唐使在此登岸的前例，新任刺史閻濟美懷疑這批沒有證明文件，又離奇在南境登岸的東瀛來客乃是海上打劫的海盜，竟然派兵包圍監視早已奄奄一息的空海使團。

八月份的福建酷暑難耐，海風夾帶著鹹濕的水氣，一陣又一陣將大夥的希望，揉和著浪花，無情地打入了海底。

懂得漢語的大使長藤原葛野麻呂，扮演起溝通的角色，不過或許他的漢文功底未到火候，三封文書一一投出，依舊是石沉大海，毫無回音。

糧食即將用罄，海風也開始轉涼，從盛夏等到初冬，如果福建刺史依然不放行，歷經萬險的遣唐使節團，到時也只有餓死、凍死的命運，就在這生死存亡的關鍵時刻，空海登場了。

空海代筆寫了一封書信上呈刺史閻濟美，原本只是抱著姑且一試的想法，沒想到，奇蹟竟然發生了。

遣唐使團立即獲得了糧食補給，同時配建新屋、發配新衣，還提供專人的雜役服務。前一天還在生死邊緣，今日成了天堂，這到底是怎麼一回事？

原來刺史讀到空海所代筆的文章大為震撼，沒想到區區的東瀛小島、蠻荒之地，居然有人可以使用優美流暢的駢文，引經據典、文采斐然、氣勢雄渾、甚至連書法都是當今最流行的王羲之體。如此文采，如此學識、如此氣度、又怎麼會是殺人越貨的海盜所能模仿的呢？

空海的文章讓刺史認同了空海遣唐使的身分，同時也解救了這群人的性命，這篇關鍵又精彩的文章流傳至今，全文七百四十餘字，見證空海的不凡傳奇。

在刺史閻濟美的全力護送下，空海一行人平安順利抵達長安城，在這裡他們欣喜地與遣唐使二號船員相遇。

原來早於一個月前，二號使團即已幸運抵達長安。半年前出發的五百餘人，如今僅有五十人倖存，為了學習大唐文化，近九成的死亡率，死傷之慘、代價之高，這悲壯的一幕，恐怕只有在雙方團員握手寒暄之際，在彼此喟嘆聲中，才能隱約地感受到那深沉的悲鳴。

大唐長安予以空海一行人盛情的招待，然而空海明白，他還有更重要的任務：求法密宗。

青龍寺住持惠果大師，是印度密宗高僧不空在大唐的唯一傳人，門人弟子千眾，地位崇高。此時惠果已是一位近六旬的老者，一位東洋空海小僧，其實是沒有機會拜見惠果大師。然而當惠果得知空海後，竟然破例親自接待，並且當下允諾傳授密法，如此盛寵，確實也讓空海吃驚。

學習密法必須供養師父，打造用黃金製造的法器，穿著華麗的法袍，只有富貴人家才有辦法負擔這樣的花費。空海遭遇了海難，又寄居長安，能夠溫飽三餐就已是幸運，又如何能夠支付「富密宗」的龐大求法費用呢？

然而奇蹟總是降臨在空海身上，對一位素未謀面的東洋小僧，惠果居然傾全力資助空海打造法器，並令空海直接搬入青龍寺，以三個月的時間，將密法全部傳授。此外惠果更是動員朝廷的人脈，務必讓空海隨著明年遣唐使的船隻歸返日本。

日本遣唐使派遣大約是十五至二十年一次，空海才來唐土第二年，怎麼會有船隻可以返國呢？

原來大唐德宗過世，順宗即位；按慣例，新君即位，作為友國之邦，必須攜禮前往朝賀，因此日本派遣特使前往大唐，回程時特使之船，即是空海的歸國船。

不得不佩服惠果師父近乎神準的判斷力，錯過了這一班，下一次的遣唐使船隊是三十三年後，也就是西元八三八年，而空海圓寂於八三五年，屆時空海只能老死大唐，根本無法回日開創日本真言宗。

惠果傾力傳授密法，大力奔走讓空海返日，在事情順利完成後，惠果師父隨即安詳圓寂，這一切似乎經過精準的計算：如果空海晚個半年來長安，必定見不到惠果；即使獲得密法，但是沒有惠果師父的大力協助，依舊無法返回日本。

惠果如此厚愛空海，如此急急如律令傳授密法、敦促歸日，這些違背常理的舉動，確實讓人摸不著頭緒。

這一切的答案要等到十年後方才揭曉。

西元八四五年，唐武宗下令滅佛，所有寺廟銅鑄的佛像、法器全部銷熔，僧侶階級強迫還俗，大量經書遭到焚毀。滅佛運動長達六年，唐朝重視經典、僧侶傳承的佛教支派皆遭受重大打擊，然而其中受創最為嚴重的，就屬惠果師父的密教系統。

密教需要大量法器、佛像、經文、圖案，以及僧侶階級的咒語傳授，滅佛運動將所有密教修行的憑據全數銷毀，即使六年後重新解禁，但是缺少修行的法器、咒語，根本無法與推崇簡易修行的禪宗、淨土宗競爭，於是曾經興盛百餘年的唐朝密教，缺少了棟樑支柱，自然也就幻化飄散成了歷史灰燼。

根據事後諸葛的猜測：惠果師父早已預見了十年後的毀佛運動，他必須在他僅剩的風燭殘年中，趕緊將密法全部傳授給空海，然後再把空海平安送回日本，如此才能保存密宗的法脈，逃過在中原唐土的毀滅大劫。歷史寫到了這裡，看官們，您是否感受到那股冥冥之中的不可思議？

肆、學成歸國，契機等待

西元八〇六年，空海平安抵達日本福岡，立刻將自己在唐朝蒐集的經書、法器，上呈朝廷，並請求處分己身違反遣唐使二十年的期限規定。只是天皇已不是當年的桓武天皇，而是剛登基不久的平城天皇，空海沒有受到任何處分，但是也不得入京。

隔年伊予親王謀反，全族遭到流放，而空海舅舅阿刀大族乃是親王侍講，凡此種種，空海入京許可恐怕是遙遙無期。

不過歷史的際遇再次為空海創造奇蹟。

平城天皇的身體狀況不佳，將帝位禪讓給神野親王，即未來的嵯峨天皇。嵯峨天皇醉心於漢學，當他聽聞有位遠赴大唐求法，精通漢學、書法的名僧正在城外等候晉見，立即下令讓空海進城。

還記得三年前初出茅廬的空海，僅用一篇文章，立刻把福建刺史閻濟美迷得不要不要的。如今空海已是喝過唐墨水，名符其實大唐高僧，談吐與氣質更勝已往，崇慕大唐文化的嵯峨天皇當然立刻成為空海的頭號大粉絲。

這是空海一生當中最重要的一刻。

即使歷經生死求法大考驗，但是沒有天皇的協助傳法，再多的法器、密法，通通會化為烏有。嵯峨接見了空海，這最後一哩路，空海走得艱辛，但也走得幸運，從此京都將鐫刻上空海的大名。

嵯峨天皇將守護京城的東寺贈予空海，作為空海開創日本真言宗的總道場，千年之後，當年同時矗立羅城門另端的西寺遭已灰飛煙滅，但作為空海印記的東寺卻仍然挺立如昔。從大阪搭電車進入京都，經過桂川之後，有如歷史屏幕的點擊播放，右方緩緩移動的高塔，即是空海興建的東寺五重塔，正盡職、守護、招呼每位來訪的遊客，這是歷史的京都，也是空海的京都。

空海鎮守東寺五年後，創辦了日本歷史上第一所平民教育學校——「綜藝種智院」，推動眾生平等的平民教育，這在階級森嚴的日本社會中，確實是了不起的大成就。此外，空海也運用他身為國師的影響力，積極動員人力修築防洪蓄水池，現存日本最大的蓄水池香川縣滿濃池，就是空海當年的貢獻。

空海也明白，繁華的京城是無法培養優秀的佛僧，於是空海急流勇退，向天皇請求修建山林道場高野山「金剛峰寺」，於是優秀的法脈，才能避開繁華的紛擾，在寂靜卻又靈動的山林間，延續千年，這是佛法的智慧，也是空海的智慧。

從平民教育到水利建設，從廟堂的崇高到山野間的修行，空海把原本是貴族殿堂的佛教奢侈品，真正化為普渡眾生的功德事業、自我砥礪的心靈蛻變，他是天皇的國師，也是平民百姓的慈悲守護神，這就是空海大師。

伍、南境傳法，駐留台灣

根據《淡水廳志》的紀載，乾隆十一年「艋舺新興宮」建立，主祀媽祖。

明治維新後，日本在海外取得大量的殖民領土，為了撫慰派駐殖民的日本官民，空海大師也來到了帝國南境的台灣。

一九一〇年，在「艋舺新興宮」附近，日本人興建了一間「新高野山弘法寺」供奉空海法師尊像，成為真言宗在台布教的首席據點。

戰爭開打之後，一九四三年，在美軍的劇烈空襲之下，日本政府以拓寬街道、開闢防空道路為理由拆除了「艋舺新興宮」，沮喪的台灣信眾只得將媽祖神像、石像雕刻暫時遷移到龍山寺後殿。

日本撤台後，「新高野山弘法寺」也人去樓空，被日本人拆廟的媽祖信眾，索性將改為媽祖神像、石像再搬進「弘法寺」，改名為「台北天后宮」，而日本人來不及帶走的「空海大師」尊像，則是禮貌性地收藏於倉庫。

堂堂的主祀神卻變成庫房內的貨品塵垢，這讓我們的空海大師情何以堪啊？不過歷史的際遇，總是對空海展現奇蹟：民國四十二年，媽祖廟發生祝融之殃，前殿的神像遭到燒毀，只有儲藏在庫房裡的空海座像逃過一劫。

更神奇的還在後頭，此時媽祖廟廟公黃慶餘生了一場病，病中隱約聽見「空海大師」跟他說：「不想再被關起來。」廟公病癒後和信眾商量，請出收藏已久的「空海大師」，重新供奉起來。

台北天后宮內所保留原「弘法寺」空海大師石像。（圖片來源：作者自攝）

走進台北天后宮，左側「弘法大師殿」（空海大師），門楣上落款「戊申年端月」，亦即民國五十七年農曆正月落成。從被關押到奉祀，算一算，空海大師在自己的原寺院整整消失了二十個年頭。

媽祖廟祀奉日本神明的消息傳開了，台灣政府官員要求要廟方將這座日本神明收起來，由於當時仍是戒嚴體制，廟方不敢得罪政府，卻也捨不得空海大師無辜受難，於是技巧性地回覆「需要正式公文」才能處理，結果，公文一直沒有來，空海大師也就一直住在媽祖廟。

日本人得知有座空海佛像流落台灣媽祖廟，特地趕赴台灣，擲筊請示「空海大師」，是否願意回日本。祂說不要，要留下來，習慣了，不想離開台灣。

從關押、逃過火災、重新供奉、再躲過官員追殺，最後戲劇性地落腳於西門媽祖廟，空海大師依舊維持祂一貫的傳奇風格，千年以來，瓣香不斷。

參考文獻

釋宏濤，《空海大師：即身成佛》，經典雜誌出版社，二〇一九年。

王曉鈴，《從弘法寺到天后宮：走訪日治時期台北朝聖之路》，時報出版，二〇二二年。

唐三藏台灣南遊記：日月潭上的幸福連線

壹、楔子

《西遊記》故事中的主角唐三藏有個原型人物，即隋唐時代真的遠赴西域、南亞取經的高僧玄奘。但就連作者吳承恩都料想不到的是，唐三藏（玄奘）不只去了西域，後來更渡海來到了東瀛台灣，落腳群山環抱的日月潭「玄奘寺」。

日月潭著名的五個景點：慈恩塔、玄奘寺、玄光寺、拉魯島以及涵碧半島的育樂亭，這五個景點恰巧可以連成一條軸線。相傳只要在涵碧步道的育樂亭前，面向串連的軸線許願，願望就會實現，這就是日月潭美麗的「幸福連線」。

翻開地圖，「幸福連線」從東南方為起始點依序為：慈恩塔、玄奘寺、玄光寺，其中慈恩塔為蔣介石為感念其母親王太夫人所建，玄光寺是供安玄奘金身，玄奘寺則是供奉玄奘頭骨舍利。

唐太宗貞觀二十二年，太子李治為了追念母親大慈大恩，將隋代荒廢的佛寺，重新修建改名「大慈恩寺」，同時敕命玄奘法師為上座法師。

民國年間，安奉玄奘骸骨舍利的陝西「興教寺」嚴重荒廢，蔣介石曾大力支持整修；來台後，蔣介石在日月潭「玄奘寺」旁，再以「慈恩」之名為其母親佛塔命名。換言之，幸福連線上的三處佛教建物，皆與玄奘有關，莫非幸福的祕密來自於玄奘法師的能量加持？

等等，玄奘法師乃是千年前大唐時代的偉大人物，怎麼會與千餘年後的熱帶小島產生幸福的連線關係呢？請隨著少俠的腳步，一窺這幸福的祕密吧！

貳、顏質型男 少年學霸

玄奘大師俗姓陳，名禕，洛州偃師人，出生於隋朝末年的官宦世家，父親陳惠曾任江陵縣令，史書記載父親是一位博通經史的俊拔美男子，虎父無犬子，玄奘自然也傳承到這份優秀的帥氣基因。

玄奘不但長得帥，他還是一位超級學霸，在父親用心指導下，玄奘很快就掌握科舉教科書的內容，憑藉著亮麗的外型和過人的天賦，未來玄奘在官場上發光發熱，也是指日可待，然而玄奘選擇走上出家一途，這又是為什麼呢？

原來玄奘非常傾慕經書中描述的理想人格，於是謹慎學習，不但沒有紈褲子弟流連「聲色場所」的不良嗜好；一般的闤闠閭巷之中，仕女雲集之處，玄奘也避免涉足其中。

看到這裡，女粉絲們未免失望，原來我們這位超級型男大學霸，竟然對女人沒有興趣，一切的努力就是為出家而準備，太可惜了吧！

莫非我們的偉大的唐僧是同性戀？所以他才不喜歡女人？會有這種疑問，代表我們對同性戀有誤解。

玄奘可以不喜歡女人，但是他可以喜歡男人啊！

中國古代同性戀相當盛行，斷袖之癖、龍陽之好，都是著名同性戀的成語。連雄才大略的漢武帝，從小就是跟一名小帥哥韓嫣混在一起，當上皇帝以後，男寵伴侶更是不計其數。換言之，在中國古代，對於性伴侶的選擇，其開放程度，遠遠超乎我們的想像。

玄奘可以不喜歡女人，但是他並未因此而選擇男人，他選擇走的是一條更艱辛的道路——與兩性絕緣的出家。

當然讀者可以繼續質疑，出家和尚都是男生，難道玄奘不會跟男和尚亂搞嗎？

這裡牽涉到佛教教派的戒律問題：藏傳佛教較寬鬆，部分教派允許男女雙修（性行為視為修行）；玄奘屬於漢傳佛教，戒律較嚴格，全面禁止男女性行為。以目前的史料來看，我們確實查不到玄奘有任何破戒的紀載。

談了這麼多，就是要說明，一位貴族出身的學霸型男，可以出將入相、擁妻納妾，甚至玩起同性遊戲，但是玄奘卻選擇與兩性絕緣的漢傳佛教出家，確實有其堅苦卓絕之處。

那麼玄奘是在什麼機緣下出家的呢？

原來玄奘二哥陳素，早年於洛陽淨土寺出家，就是這層因緣，學霸弟弟也追隨著二哥前往洛陽踏上學佛之路。

玄奘家族再怎麼說也是個官宦世家，祖上三代皆是在朝為官，陳家怎麼允許兩位兒子踏上沒有出息的佛法之路呢？

其實，有沒有出息，每一個時代的標準還真不一樣呢。

參、高瞻遠矚　英雄少年

玄奘所處的隋代，儘管豪門壟斷的九品中正法遭到廢除，科舉制度開始試行於天下；但煬帝一朝，騷動已見，在朝為官反而具有風險。

相反地，佛教因隋文帝的提倡，開始在全國各地造塔、修寺、譯經，至煬帝之時，天下風行、蓬勃發展，完全不受政治動盪的影響；再加上出家為僧，可免繇役、接受官府的公費供養，相較於入朝為官的風險，出家反而成為一種流行的時尚。

此時隋朝官府提供洛陽淨土寺十四位出家公費名額，只要吃齋唸佛，就可以一輩子不愁吃穿，這可是公務部門中的金飯碗，報名甄選的僧人就達數百位之多。

你沒有看錯，我們當代人避之唯恐不及的出家苦修，在一千多年前的隋唐之際，可是人人稱羨的公費金飯碗呢！

然而我們的玄奘，卻因為年紀太小，不符合報名資格，僅能落寞地徘徊在試場外，引頸張望。此時玄奘生命中的貴人出現了。主考官大理卿鄭善果，他瞧見有位挺拔俊俏帥氣的年輕僧人，在闈場外來回走動，好奇地詢問對方：原來是年紀太小，不符合報名資格。

「小僧人，你爲什麼要出家呢？」

「我想將佛陀所留下來的遺教發揚光大，最終則是承繼佛陀的偉大精神，普濟衆生」

好傢伙！一位稚氣小和尚，居然就有如此宏遠的願力抱負，再加上他好看不凡的器貌，鄭善果當下決定破格錄取這位小僧人。

鄭善果果然確實慧眼識英雄，這位小和尚將於二十年後成為隋唐之際最偉大的譯經大師，而這一年，玄奘也才十三歲。

玄奘正式出家後，發揮他少年學霸的天賦異稟，很快地，就在出家僧人中嶄露頭角。然而如果你以為，玄奘考上官府的公費僧人，將來就可以成為偉大的譯經大師，那大錯特錯了。

要知道玄奘所處的煬帝一朝，動亂四起，此時唐高祖李淵已經領兵攻入長安，玄奘雖然年幼，卻洞悉天下大勢，主動與二哥商量，一起離開洛陽，歸往唐朝長安。

從歷史的後見之明來看，玄奘歸往長安的決定極為關鍵，因為隔年隋煬帝即在江都遭到叛軍殺害，隋朝滅亡，歷史巨輪開始駛進大唐帝國的嶄新扉頁。

唐高祖李淵為了安撫民心，延續禮遇前朝聘任的公費僧人，玄奘關鍵時刻的關鍵決定，讓他避開了朝代更迭中的戰火波及，無縫接軌加入大唐盛世的偉大格局，日後玄奘赴印度取經的前置作業期，就是在大唐盛世的庇護下完成。

從這一點上來看，玄奘幾乎是一位全方面的人才，他是英俊美男；他是少年學霸；更是一位高瞻遠矚、運籌帷幄的英雄少年。

肆、川蜀子午谷——西域求法練習場

為了進一步探求佛法玄奧，在大唐長安庇護下的玄奘並不滿足，決定與二哥再次離開溫暖舒適圈，踏上四川蜀地的求法之路。

長安進入四川蜀地的快速捷徑，就是漢朝王莽所修建的子午谷棧道。南北縱向，長約三百公里餘，沿途懸崖絕壁、山勢險峻，僅靠克難的棧道修築聯繫，路途險惡，可想而知。求法心切的玄奘卻毫無懸念地踏上求法之路，原來英雄少年仍不足以形容玄奘，大無畏的膽識、魄力才是玄奘突破重重險巇的最大動力。

經過艱苦危險的長途跋涉，玄奘與二哥終於抵達棧道南側蜀地，受到當地人僧人熱情的款待。

玄奘敬惜寸陰，勵精無怠，積極拜會、請益四川重要高僧，僅僅二、三年間，就已經通盤掌握蜀地佛法的重要精髓，再加上他帥氣的外表，不凡的談吐，每次的佛法開講，都有如明星歌手舉辦演唱會般，吸引爆量的粉絲信徒瘋狂追逐，一時間，這位外來的年輕僧人竟成為蜀地最有名氣的明星和尚。

然而這樣的巨大成就，卻沒有讓他獲得相對應的快樂，因為玄奘發現，許多佛法的困惑，在當時所通行的漢譯佛經中，並無法獲得完整的解答，於是，玄奘有了一個更瘋狂的想法，到西方天竺國取經。

從川蜀到西方天竺國，數千公里的路程，加上沿路的高山沙漠，還有與唐朝長期敵對的西域諸國，想要去西方「取經」根本就是「天方夜譚」中的不可能任務。不僅僧門師友皆勸玄奘打消念頭，就連一路伴隨著玄奘過關斬將的二哥，亦不贊成這樣凶險的任務。

為了求佛法，不計凶險，翻山越嶺通過子午谷棧道；而如今，同樣也是為了求佛法，又怎能因為旁人的勸阻而退縮呢？

其實玄奘掛念的難題是：如何在長達數月，甚至是數年的旅程當中，獲得經費、糧食上的補給，這才是真正要面對的挑戰。

以玄奘在川蜀的名氣，透過公開募資，一定可以獲得足夠的經費與資源；然而由於唐朝剛建立，西域諸國情勢未穩，唐朝官府下令，百姓不可私自出關西域，違者將重懲。

換言之，玄奘無法透過公開募資的管道來獲得旅途所需的經費；因為公開募資，就是公開自己偷渡的意圖，到時官府找上門，這趟任務還沒開始，就已經結束。

等等，原來未經允許，私自前往西方取經，是違反「兩岸人民關係條例」，官府會來問責治罪的，這怎麼跟《西遊記》寫得不一樣呢？

伍、魔幻西域求法

在《西遊記》中，玄奘只是一名遇到困難喊著「悟空！悟空！」的笨唐僧。但是真實世界裡的的玄奘可是一名英雄少年，有膽識、有謀略。

為了解決沿路資源補給難題，玄奘徹底發揮自己高顏質的本領。聰明的玄奘特意選在唐朝與西域諸國的交界關口處開講、直播佛法，以玄奘俊俏的外貌、魅力的口才，很快地就吸引了一批忠實的粉絲信眾，把講法現場擠得水洩不通。

在《西遊記》中，唐僧被塑造成是一名唇紅齒白的帥氣美男子，不論是人間的女王或是陰冥世界的女妖，通通被他的颯颯丰姿迷得神魂顛倒、不要不要的，原來這不是小說家的鬼扯八卦，而是玄奘真實的歷史容貌。

好了，我們再將鏡頭再拉回玄奘講法的現場。

這裡可是大唐與西域諸國的交界處，這位高顏質、口才佳的玄奘法師，每場演講總是萬人空巷，挾著如此高人氣，玄奘的名聲很快就傳遍同樣是篤信佛法的西域諸國，於是各國君主爭相邀請玄奘到西域講法。

如此一來，只要成功地偷渡出境，迎接玄奘的，就是引頸期盼的西域諸王粉絲，那麼前往天竺印度的旅程經費物資，也就有了著落。

什麼！赫赫有名的大唐玄奘，居然是一名偷渡客？

沒錯，在當時的時空背景下，只有偷渡也才能完成前往天竺取經的歷史壯舉。

寫到這裡，不得不佩服玄奘過人的智慧與膽識，有如007電影中的諜報情節，沒有替身，玄奘通通親自上場演出，重點是，全場一氣呵成，完美無缺，沒有NG，或者說，不能有NG，就這樣，在西域粉絲諸王的簇擁下，玄奘平安抵達印度那爛陀寺。

然而真實的歷史有時會比虛構小說還要荒謬。

玄奘從甘肅瓜州向西出發，撇開唐政府軍對於偷渡客的追緝不說，單單橫跨數百公里長的北疆沙漠，種種惡劣的環境，此舉無異是一種自殺的行為。

14世紀日人所繪玄奘取經圖。（圖片來源：維基公領域）

若以當代中國修築的「塔里木沙漠公路」來看，玄奘橫渡沙漠的終點為北疆「伊吾」國境，距離出發地點甘肅瓜州五百一十八公里。儘管中間有幾處綠洲可休憩，但也必須透過大型商旅的團隊支援，才能成功橫越。

在沒有現代裝備的輔助，沒有孫悟空的七十二變相隨，唐玄奘是如何隻身一人橫越死亡沙漠？至今仍是個謎。

玄奘弟子在撰述《三藏法師傳》時，對於這段不可思議的旅程，也只能歸功於法師真誠地默唸觀音聞聲救苦的偉大佛力。

穿越了死亡沙漠，拜訪了西域諸國，語言不通、環境惡劣、敵情未明，或許正是這樣的九死一生，讓玄奘感動了神佛的庇佑，經過的三年歷劫，我們偉大的法師終於平安地抵達印度。

陸、「大唐歐巴」天竺旋風

那爛陀寺熱情地招待這位來自遙遠東方的大唐貴客，而玄奘也努力積極研讀梵文經典，為返國的譯經工作做準備。

以玄奘聰慧的資質，很快就掌握梵文與當地語言的使用方法，搭配上優雅的談吐，以及那迷死人的外表：不意外，玄奘在天竺又颳起了一陣雷霆旋風，把印度阿三們迷得是暈頭轉向，神魂顛倒。

玄奘所到之處，眾粉絲們各個「燒香散花，禮敬而去」，熱鬧之極可絕不輸台灣的神明繞境喔！

然而玄奘終究是過客，再多的風采、粉絲，也只不過是點綴式的繁華雲煙，真正的功德大業還是要將大批的經書攜回唐土，這是玄奘畢生不忘的崇高使命，於是在阿三粉絲們依依不捨的簇擁下，玄奘最終還是踏上了返唐的歸途，掐指一算，離開唐土，已經過了十七個年頭了。

有別於偷渡出境時的狼狽、九死一生；十七年後的學成回國，則是浩浩蕩蕩、風風光光：二十四匹馬馱負經書佛像，一路運回大唐長安。如此龐大的隊伍，糧食補給不說，單單要穿越千里以上的高山、沙漠、荒原，再加上沿途的盜賊攔路打劫，如果沒有天竺、西域諸國的全力支持、保護、協助，單憑玄奘一人之力根本無法完成。

值得一提的是，這些協助玄奘返唐的西域諸國，絕大多數是與唐朝處於敵對的狀態，但是基於對於佛法的崇敬，都願意放下成見，共同參與這項佛法盛事，玄奘的魅力又再一次得到印證。

柒、載譽歸國　晚景淒涼

貞觀十九年，在外奔波十七年的玄奘終於歸國，唐太宗不僅赦免了他偷渡之罪，更是指派沙門五十餘人，大力協助法師譯經的工作。

然而當今聖上並不是一位禮佛之人，面對高規格的禮遇，玄奘確實也帶有幾分狐疑，果不其然，這是一場交易。

我給你地位、榮耀、資源讓你好好譯經，你給我寫一本西域諸國的地理考察實記。

原來唐太宗正想消滅西北邊境的西突厥，迫切需要西域地區相關情報。恰好，剛剛回國的玄奘，擁有跋涉西域數十年的第一手見聞，正是大唐情報手冊的最佳撰寫者。

聰明的玄奘明白佛法的推廣有賴帝王的絕對支持，因此回國的首要工作並不是譯經，而是完成帝王交予的任務——《大唐西域記》。

《大唐西域記》記載了玄奘途徑西域、南亞大陸的所見所聞，並且詳細地記錄了印度七十多個小邦國的名字、地理位置、風土人情，因此《大唐西域記》成為當時對印度社會和歷史最詳盡的紀錄。

由於印度自古以來並不重視歷史紀錄，《大唐西域記》便成為印度考古的重要參考書，著名的「那爛陀大學遺址」就是透過玄奘的紀錄指引，才得以挖掘重見天日，而

《大唐西域記》中所記載的西域女國，更是百年後《西遊記》中女兒國的原型。

《大唐西域記》的成書，呈現出玄奘多元的歷史形象，他是一位佛學家，也是一位探險家、文學家，更是太宗手下「天字第一號」的諜報高手。

達成西域情報手冊編纂的政治任務後，玄奘的譯經事業獲得了皇家超高規格的挹注支持，有當今聖上的欽點相挺，再加上己身的個人魅力，朝臣自然是積極與這位當紅大法師結交，不少大臣甚至皈依到玄奘門下，至此玄奘的地位來到了最高峰，他是當世唐朝最偉大、最具影響力的頭號大法師

然而月盈則虧，日中則昃，來到人生巔峰的玄奘，轉眼之間，也要開始急遽墜落。

為了避免諸子相殘重演玄武門事件，太宗選了一位文弱的李治作為儲君接班人，沒想到卻為大唐皇室及群臣帶來更大的災難。

貞觀二十三年，唐太宗駕崩，太子李治即位，是為唐高宗。高宗寵幸蕭淑妃，疏離王皇后，王皇后為了制衡、打擊蕭淑妃，特地至感業寺將與高宗有曖昧情愫的武媚娘比丘尼納入宮中，這位比丘尼就是日後驚動天地的武則天。

六年後（永徽六年），唐高宗決定廢除王皇后，另立武則天為后。此舉引來以長孫無忌為首的前朝太宗遺臣們強力反對，而高宗為了從舊臣系統中奪回主宰權，藉由廢后的行動，開啟了一系列殘酷又無情的整肅運動。

儘管玄奘本身並未遭到貶斥，但是同為舊臣系統的玄奘，在皇權的整肅運動中，又怎能置身事外呢？整肅風暴長達十年，從太宗以來或是玄奘弟子、或是重要護法的諸臣，全遭誣害翦除，而玄奘最看重的譯經事業也幾近停擺，人身自由更遭受嚴格管控。

在大唐帝國專制皇權的眈眈虎視之下，即使歷經九死一生大法師也只能低身卑微、匍匐顫抖，所有的恐懼示弱，就是為了能夠延續譯經的生命，於是玄奘即奏請高宗，請求外放至遙遠的玉華寺譯經。

為了能夠取得高宗的信任，玄奘甚至請求五名衛士隨行，美其名為防守護衛，實際為看管約束，以示絕無叛逃之心。至此玄奘至此已經完全喪失太宗時期佛門的領袖地位，僅以待罪之身，蜷曲於簡陋的玉華寺靜待其剩餘生命的終點。

高宗麟德元年（六六四）二月，玄奘圓寂。從臥病到辭世前，朝廷皆未派遣官醫診視；身後的葬禮，也未見官員參加。沒有追謚，更沒有塔銘；更有甚者，玄奘在入葬後

武則天大力獎掖佛教《華嚴經》的翻譯工作，然而她與唐高宗的舊臣整肅運動，卻無辜波及唐朝最偉大的譯經大師玄奘。（圖片來源：維基公領域）

五年，竟被高宗強制發棺遷葬，極盡羞辱至無以復加。

玄奘死後，高宗表面上還是對這位前朝高僧表示哀悼，但隨即解散玄奘譯經道場，遣返相關人員，大量未翻梵本也一律封存於慈恩寺，可見玄奘譯經到了後期僅算是勉強維持，高宗根本不看重，隨時都會下旨喊停。

失去了皇室的支持，玄奘所創立的「唯識佛學」系統自然也失去其社會影響力。儘管仍有弟子窺基等人苦心、努力弘揚玄奘的唯識佛學，但在皇室另外扶持的華嚴、禪宗競逐之下，有如孤臣孽子的玄奘佛學，短短三十餘年，僅傳承三代便迅速衰落。

玄奘墓塔所在的「興教寺」，乃

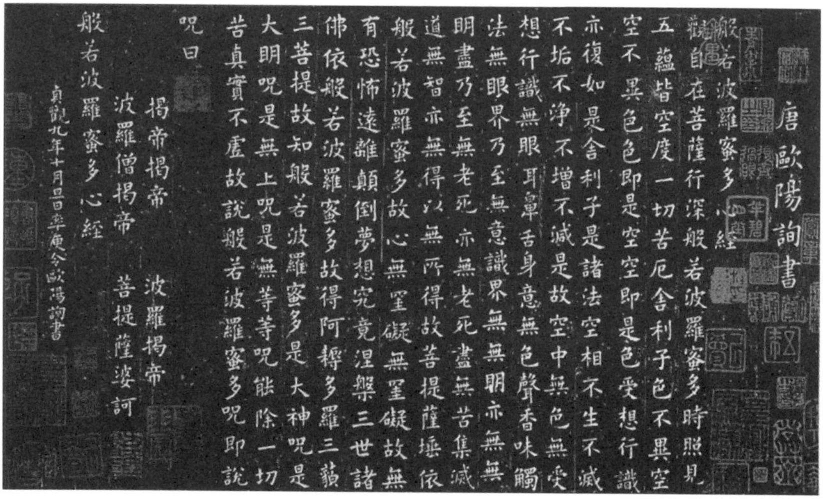

唐朝楷書大師歐陽詢手抄《心經》拓本。失去了皇室支持，玄奘留給後世的記憶，大概僅存唐三藏的小說形象；然而大家不知道的是，流傳最廣的《心經》翻譯版本，卻是玄奘留予後世無價的文化資產。（圖片來源：維基公領域）

是大師去世九十四年後，由唐肅宗敕令規建，而距他圓寂一百七十五年後，方才樹立墓塔、撰寫碑銘。

從萬人景仰的文化英雄、佛學大師，晚年卻淪為皇上欽點禁錮的政治要犯，玄奘一生繁華、卻淒清至極。玄奘的魅力，可以感動諸佛、打動敵對的西域諸國，卻感化不了權力嗜慾的高宗之心，或許生命總是要留一點遺憾，讓後人緬懷時，才能感受那悲壯中的呢喃喟嘆。

玄奘的故事結束了嗎?不，還有安可曲。

捌、奇幻日本因緣

由於唐朝的聲威遠播，從唐太宗朝開始，東瀛日本派遣大規模的遣唐使，學習唐朝文化。

唐玄奘乃是隋唐之際，最偉大的佛法大師，將天竺印度的佛教唯識學完整地傳入唐朝中國，身為文化輸入國的東瀛日本，自然十足珍惜保握唐玄奘這號文化大國寶。

於是天皇派遣道昭法師，跟隨著遣唐使團，來到了中國長安，向唐玄奘學習《成唯識論》。道昭回到日本建立法相宗，奉玄奘法師為祖師，傳承至今，從未斷絕。

然而隨著唐朝國力逐漸衰落，日本在唐昭宗年代，廢止了進行百餘年的中日文化交流；下次日本再組團來到中國，是千餘年後清末民初的事。只不過，這次的前來不是謙卑地學習文化，而是凶狠地侵略中國。

一九四二年底，中日戰爭已經持續到第五年，當時駐防於南京中華門外的高森隆介部隊為了要建設稻荷神社，派人在大報恩寺三藏殿遺址後方後進行開鑿工程。大報恩寺是明成祖朱棣為了報答父母親的養育之恩，耗費巨資、徵調工役十多萬人，歷時

玄奘大師最後安身所，西安興教寺塔。（圖片來源：維基公領域）

十九年所修築而成，最後毀於清末太平天國的砲火聲中。

少佐開挖不久後，即發現裝有骸骨的石棺，兩側刻有文字，大意是說，唐三藏法師塔毀於黃巢之亂，其頂骨由長安輾轉傳得，最後攜歸埋葬於此。

少佐高森隆介向上級報告後，準備將此偉大的發現，悄悄地運回日本。

且慢，唐玄奘乃是千年以前的唐朝人物，此時日本正是以文明開化後的高姿態侵略落後中國，燒殺擄掠樣樣來，怎麼會在乎這塊毫不起眼的千年頭骨呢？

還記得先前所提，玄奘千辛萬苦從印度譯經所創立的「唯識佛學」，在中國已經斷絕，但傳到日本後成為「法相宗」，奉玄奘法師為祖師，傳承至今，從未斷絕。

妙就妙在這位高森隆介部隊中，有一位日籍工程師是虔誠的佛教徒，他了解日本法相宗的文化脈絡，當他瞅見碑文「**法師玄奘頂骨**」六個大字，赫赫有名的日本法相宗祖師爺頭骨舍利，居然就示現在眼前。

千年歷史的文化衝動、虔誠信仰的無比動容，讓他編輯成小冊子《南京中華門外三藏殿多宝塔下之埋藏品》，並發送給朋友。

緊接著上海報紙開始報導玄奘遺骨的出土，驚動了日本高層，也震驚了日本佛教界。由於中國文化界的抗議，在親日汪精衛南京政權的斡旋下，日本最終妥協，僅攜回了部分玄奘遺骨。

玖、南遊台灣

戰爭結束後，國民政府遷台，一九五二年「第二屆世界佛教徒友誼會」在日本召開，台灣佛教會代表向日本提起「將玄奘頂骨移奉至台灣的構想」。

經過多年的交涉，一九五五年，日本決定歸還玄奘頂骨予台灣國民政府，卻意外觸動兩岸的的政治角力。

此時共黨中國向日本提出了嚴正的抗議，認為玄奘頂骨既然出自中國，就不應該將此物轉交給他處，否則將會破壞中日兩國的友好關係。

篤信基督教的蔣介石，原本對佛教文物不感興趣，但是既然中共加入了戰局，文物交流升格為政治大戰、國格之爭，已經沒有退讓的空間。

由於蔣介石的母親篤信佛教，蔣介石亦曾經大力整修西安「興教寺」，對於玄奘法師不陌生，若能順利迎回玄奘大師的頂骨舍利，不啻證明自己才是代表中華文明的正朔；而日本政府也為了對抗「共產中國」，同時也回報蔣介石「以德報怨」之恩，雙方一拍即合，於是在一九五五年，日本將部分頂骨舍利歸還中華民國，並擇定暫時安奉於日月潭畔之玄光寺。

十年後（一九六五），玄奘寺落成後，靈骨才迎奉入玄奘寺。

此外，由於蔣介石亦效法唐朝太子李治，在日月潭畔為母親修建「慈恩塔」，至此「幸福連線」雛型已備。

站在涵碧半島的育樂亭，遙望遠方的玄奘寺，法師千年的歷史悲壯，在日月潭煙波浩淼的朦朧映襯下，全部幻化成幸福的信仰，一代代傳頌。

拾、跋辭

這是一卷浩瀚的詩篇，萬里黃沙，西域求法；
這是一首悲壯的輓歌，青燈寂靜，匍匐悲吟。

參考文獻

唐慧立、彥悰撰，《大慈恩寺三藏法師傳》，《大正藏》，第五十冊。
劉淑芬，〈玄奘的最後十年（六五五—六六四）：兼論總章二年（六六九）改葬事〉，

《中華文史論叢》，卷三，二〇〇九年。

坂井田夕起子，〈玄奘遺骨的南京出土及各地奉安經過〉，《玄奘佛學研究》，第三十二期，二〇一九年九月。

國家圖書館出版品預行編目（CIP）資料

世界來過台灣 / 張胤賢著作. -- 初版. -- 臺北市 : 麥田出版, 城邦文化事業股份有限公司出版 : 英屬蓋曼群島商家庭傳媒股份有限公司城邦分公司發行, 2024.10
面； 公分. --（麥田人文 ; 37平裝）
ISBN 978-626-310-741-0(平裝)

1. CST: 臺灣史

733.21　　113011908

麥田人文37

世界來過台灣：

從荷蘭、美國、西班牙、大清、日本到中華民國，一覽他們來過台灣的足跡，解鎖課本沒有教的歷史彩蛋！

著　　　作　張胤賢
責 任 編 輯　陳佩吟

版　　　權　吳玲緯　楊　靜
行　　　銷　闕志勳　吳宇軒　余一霞
業　　　務　李再星　李振東　陳美燕
副 總 編 輯　林秀梅
編 輯 總 監　劉麗真
事業群總經理　謝至平
發　行　人　何飛鵬
出　　　版　麥田出版
城邦文化事業股份有限公司
台北市南港區昆陽街16號4樓
電話：886-2-25007696　傳真：886-2-2500-1951
發　　　行　英屬蓋曼群島商家庭傳媒股份有限公司城邦分公司
台北市南港區昆陽街16號8樓
客服專線：02-25007718；25007719
24小時傳真專線：02-25001990；25001991
服務時間：週一至週五上午09:30-12:00；下午13:30-17:00
劃撥帳號：19863813 戶名：書虫股份有限公司
讀者服務信箱：service@readingclub.com.tw
城 邦 網 址　http://www.cite.com.tw
麥田部落格：http://ryefield.pixnet.net/blog
麥田出版Facebook：https://www.facebook.com/RyeField.Cite/
香 港 發 行 所　城邦（香港）出版集團有限公司
香港九龍九龍城土瓜灣道86號順聯工業大廈6樓A室
電話：852-25086231　傳真：852-25789337
電子信箱：hkcite@biznetvigator.com
馬 新 發 行 所　城邦（馬新）出版集團
Cite（M）Sdn. Bhd.（458372U）
41, Jalan Radin Anum, Bandar Baru Seri Petaling,
57000 Kuala Lumpur, Malaysia.
電話：+6(03)-90563833　傳真：+6(03)-90576622
電子信箱：services@cite.my

封 面 設 計　陳正桓
電 腦 排 版　宸遠彩藝工作室
印　　　刷　沐春行銷創意有限公司
初 版 一 刷　2024年10月
初 版 三 刷　2024年12月
定價 / 400元
ISBN：978-626-310-741-0
9786263107434 (EPUB)